Für Katja und Lorenz

David Roth · Ingrid Niemeier

Nimm Zimt

Tröstende Rezepte in Zeiten der Trauer

Inhalt

Was ist das für ein Buch?

© Peter Litvai

Meinem Bekanntenkreis blieb nicht verborgen, dass ich mich mehr als zur Ernährung nötig in der Küche aufhielt. Hin und wieder brauchte ich auch Aufesser und Kritiker. Ja, was ist das für ein Buch? Ich versuchte zu erklären. Über das Kochen, das mir und vielleicht auch anderen helfen sollte, die alleine mit einem Verlust dastehen. »Aha, Rezepte für eine Person?« Zuerst war ich gekränkt – mir derart Profanes zu unterstellen! Dann ermutigt. Dass Kochen Trost, ja Therapie sein kann, das würde vielen eine neue Sicht in die Küche bringen. Nicht essen, weil man muss, sondern kochen, weil es guttut! Es muss ja nicht gerade ein liebster Mensch gestorben sein. Man kann im Leben in vielerlei Hinsicht verletzt zurückbleiben.

Ich maße mir nicht an, Ratgeberin zu sein. Ich erzähle, wie es mir ergangen ist, und will das auf möglichst praktische und unkomplizierte Art tun. Dieses Buch soll ein freundlicher Begleiter sein, und wenn Sie zwischendurch mal lachen müssen, schadet das nach meiner Erfahrung nicht. Ich versuche, mich kurzzufassen in der Beschreibung meiner Unpässlichkeiten. Aus den Abgründen berichte ich, weil wir uns sicher begegnen in der einen oder anderen dunklen Ecke des Empfindens – und es kann helfen, ein Gefühl auch bei anderen zu entdecken. Ich habe aus meinen rund 1.000 Tagen in der Küche Gerichte ausgesucht, die vielen schmecken, auch wenn die Rezepte manchmal auf den ersten Blick ungewöhnlich erscheinen. Ich habe mich bemüht, sie so aufzuschreiben, dass das Zubereiten Freude macht. Während des Kochens haben wir fotografiert, um das Empfinden zu dokumentieren, aus der Hand, ofenfrisch. Dabei ging es uns nicht um die Perfektion, wie man sie aus Kochbüchern gewohnt ist. Unsere Bilder sollen vom staunenden Schauen und Schmecken berichten, ganz nah dran – manchmal kann man sogar sehen, wie es duftet.

In den Rezepten kündigt ein * an, dass es zu diesen Zutaten noch etwas im Kapitel »Was ist was?« zu lesen gibt. Zuletzt hier Zimt. Mein Held. Zahlreiche Rezepte enthalten tatsächlich Zimt, vor allem steht er für die Idee dieses Buches: Zimt ist die Ermunterung, etwas zu wagen. Zuerst in der Küche, dann sehen wir weiter.

Ingrid Niemeier

Himmel und Erde

Wie alles begann

Am Anfang war alles schwer. So sollte dieses erste Kapitel ursprünglich überschrieben sein. Wir haben uns dann doch für Himmel und Erde entschieden, »Himmel un Äd«, ein traditionelles Gericht aus dem Rheinland, in dem Äpfel für den Himmel und Stampfkartoffeln für die Erde stehen. Und das kam so.

Bevor ich David Roth zum ersten Mal traf, hatte ich die vage Erwartung, dass ich eine Überraschung erleben würde. Wir hatten telefoniert. Er angenehm unkompliziert und geradeheraus. Ich mit dem Bild des pietätsgebeugten Bestattungsunternehmers im Kopf. Ich hatte das Metier bis jetzt erst einmal erlebt, und das war nicht lange her. Dann lese ich über Fritz Roth, Vater von David und Pionier des (wieder) lebendigen Umgangs mit Sterben und Tod. Er selbst unsterblich lebensfroh starb im Jahr 2012. Zu seiner Trauerfeier kamen 2.500 Gäste. Sein roter Sarg stand vor dem Altar, Sie finden die Trauerfeier auf YouTube. Fritz Roth war Bestatter, Philosoph, Unternehmer, Entertainer und Übervater, letzteres kenne ich gut. Ich fahre nach Bergisch Gladbach, um das Vermächtnis dieses Mannes kennenzulernen, Sterbekultur. Ich fahre mit gemischten Gefühlen.

David Roth erwartete eine Journalistin. Ich war dem Muster gefolgt und hatte mich beim Interview im Auftrag einer Versicherung munter gegeben, das Thema Trauerbegleitung routiniert abgefragt und anschließend professionell verpackt. Ich wurde häufig gelobt in diesen Tagen als starke Frau, und ich habe keine Spur mit der Stimme gezittert am Telefon, nicht wahr David?

Bei unserem ersten Gespräch konnte ich überhaupt nicht wissen, wie nahe das Thema Ihnen geht. Das ist nichts Ungewöhnliches. Trauer wird heute gut versteckt. Wir sollen schließlich gut drauf sein und gut funktionieren, Schwierigkeiten sind dazu da, überwunden zu werden, und Schwäche zeigt man, wenn überhaupt, im engsten Familienkreis. Wir sind alle so gefasst.

Es ist hier unser großes Anliegen, die Trauer hinter den Mauern hervorzuholen, sie sichtbar zu machen und in die Öffentlichkeit zu bringen. Auch und gerade dann, wenn man nicht selbst betroffen ist, sollte man sich mit Tod und Trauer beschäftigen. Vielleicht nicht jeden Tag, doch hin und wieder über das eigene Ende nachzudenken und auch nicht die Augen zu verschließen vor der Tatsache, dass Eltern und Freunde sterben müssen, hilft uns dabei, mit dem Thema vertraut zu werden. Es geht doch um den mündigen Umgang mit Tod und Trauer. »Der Tod gehört zum Leben«, das ist eine Plattitüde, gern gesagt, leider viel zu selten gelebt. Wir sollen uns damit befassen, auch wenn wir das nicht gerne tun, und das Thema lieber so weit wie möglich wegschieben – es sei denn, es ist gerade eine Beerdigung oder es ist November. »Wir müssen noch das Grab richten«, hört man dann. Doch Trauer ist Liebe. Wir plädieren deshalb dafür, den Mai zum Trauermonat zu erklären, im Frühling. Wenn es wärmer wird und alles wächst und gedeiht, sollten wir unsere Verwandten auf den Friedhöfen besuchen, auf sie anstoßen und uns an die guten Stunden erinnern. Man kann trauern und trotzdem versuchen zu genießen. Auch dazu möchten wir mit diesem Buch auffordern.

Ich, ein Gespenst im Zug nach Köln. Vor fünf Monaten bin ich mit meinem Mann auf dem Friedhof geblieben. Unsere Beerdigung war wie die von Hunderttausenden, alles geregelt. 20 Minuten Gedenken, anschließend gemessener Schritt – tatsächlich gemessen und zwar an den guten Sitten, mich ermahnte der »Friedhofsschaffner« bei einer Geschwindigkeitsübertretung, als ich mit der Urne in der Hand den Zug der Freunde anführte. Ich flüsterte ihm noch zu, dass mein Mann es auch nicht ausstehen konnte, wenn ich vorauspreschte – das entlockte ihm jedoch keine Güte. Allerdings hatte ich zu diesem Zeitpunkt schon das größte anzunehmende Fehlverhalten begangen: Ich wusste nicht, dass man auf dem Friedhof Trinkgeld gibt. Zuvor hatte ich bereits sämtliche Fettnäpfchen passiert, die bei einem ordentlichen Bestatter bereitstanden. Ich wollte keinen Trauerredner, keine Trauermusik, kein Trauerbild, keine Trauerkarten und keine Trauerblumen, und die Auswahl der Schmuckurnen habe ich leider mit der Bemerkung geschändet, dass mein Mann nicht in einen Sportpokal passt. Als mir die Chefin der Trauerkultur dann telefonisch hinterherrief, dass er aufgrund von Größe und Gewicht in eine höhere Preiskategorie eingepasst werden müsse, erstarrte ich. Zu Staub zerfallen bin ich dann erst später auf dem Friedhof an diesem heißen Spätsommertag.

Ich kannte David Roth zu diesem Zeitpunkt noch nicht. Ich hatte noch nie darüber nachgedacht, dass unsere Toten eine unantastbare Würde haben und die Bürokratie nicht das letzte Wort spricht. Auch wenn der Tod nicht wie ein Stein in mein Leben gefallen wäre – ich hätte es nicht besser gewusst. »Ich habe keine Angst vor dem Tod, ich möchte nur nicht dabei sein, wenn es passiert.«, Woody Allen eröffnet Fritz Roths Buch »Das letzte Hemd ist bunt« und trifft es perfekt. Fritz Roth sagt ein paar Seiten später: »Wir haben uns von den letzten Dingen entfremdet. Spätestens, wenn wir persönlich mit dem Tod eines nahestehenden Menschen konfrontiert sind, merken wir, dass viele neuere Rituale nicht passen ...« und er zitiert Mascha Kaléko aus Memento: »Den eigenen Tod, den stirbt man nur, doch mit dem Tod der anderen muss man leben.«

Ich treffe mich mit David Roth, um auszutauschen, wie das gehen kann – mit dem Tod des anderen leben. Ich selbst befinde mich seit einiger Zeit mitten in einem Selbstversuch, den ich für lasziv halte und über den ich mit niemandem gesprochen habe. Ich koche, koche und koche. Das ist für mich nichts Außergewöhnliches. Meine intellektuelle Schwägerin hat sich oft freundschaftlich darüber belustigt, dass die Schürze meine Wahlheimat ist. Aber jetzt, in Zeiten der Trauer doch nicht, man backt keinen Kuchen, wenn sich gerade das Leben halbiert hat. Ohne Not noch dazu, ich habe keine kleinen Kinder zu ernähren. David hatte mir eher nebenbei erzählt, dass die Trauerbegleitung im Bestattungshaus Pütz-Roth auch Kochkurse umfasst. Da habe ich Witterung aufgenommen. Ich habe immer an den Bauch geglaubt. Ein Kochkurs im Trauerhaus wird natürlich in erster Linie die Einsamen zusammenführen, Le Bal der gebrochenen Herzen, während ich nur Zwiebeln schneiden will. Trotzdem, ein Schlechter kann es in meinen Augen nicht sein, der die Trauerarbeit an den Herd verlegt. Wir könnten etwas gemeinsam haben. Dazu kommt, dass ich von fern schon lange eine Sympathie fürs rheinische Naturell habe. Das sind gewitzte Philosophen von der Wiege bis zur Bahre, in besonderer Form drückt das der Karneval aus. Da flattert eine Totenkopffahne mit roter Pappnase: »Wer weiß, wie lang die Kerzen brennen, wir tanzen mit dem Klabautermann, und liegen wir auch einmal auf Melaten (der Kölner Zentralfriedhof), wir sind auf ewig: Piraten« (»Pirate« von Kasalla). Mit »Kumm mer lääve« bricht (im Video) eine Greisentruppe aus dem Altenheim aus: »Komm, wir leben, bevor wir sterben, als wäre das heut der letzte Tag«. »Verdamp lang her«, Wolfgang Niedeckens Erinnerung an seinen verstorbenen Vater ist auch zu den höchsten Belustigungsfeiertagen ein Klassiker in den Kneipen. »Alle Jläser huh« (Alle Gläser hoch) feiert Verbundenheit über den Tod hinaus mit einer Party im Stil der Días de los Muertos von Mexiko. Feiern ist kein Überspielen des Todes, sondern eine Antwort. Aber dazu sollte besser David etwas sagen:

Das große Thema ist Memento mori, wie Karnevalsphilosoph und Brauchtumsforscher Wolfang Oelsner sagt: »Schunkelt mit carpe diem Arm in Arm.« Wir wissen um die Sterblichkeit, und eben das ist uns Ansporn, lebendig zu sein. Die Bewusstheit, wie schnell etwas vorbei sein kann, nimmt uns an die Hand, um den Alltag zu genießen. Als die Generationen noch dichter miteinander lebten, war die Endlichkeit immer bei uns, in einigen Kulturen ist das heute noch so: Dass man sich in Mexiko freudig Süßigkeiten in Totenkopfform schenkt, halten wir für gewöhnungsbedürftig. »Ein Stern, der deinen Namen trägt«, hat mein Vater umgedichtet in: »Ein Stein, der deinen Namen trägt.« Manche zucken da, das ist eine Schlagermelodie, Discofox, tausend Jecken klatschen in die Hände. Es bleibt ein wichtiger Gedanke, den wir aus den frohen Momenten mit hinausnehmen. Statt lauer Stimmung wird uns da starke Lust am Leben zuteil. Im Rheinischen ist sie uns schon fast ins Wesen eingewachsen und hat eine gewisse Unerschütterlichkeit geprägt, die das »Rheinische Grundgesetz« niederlegt, beispielweise in Artikel 3: Et hätt noch immer jot jejange (Es ist bisher noch immer gut gegangen) und lebensgetauft in Artikel 5 »Et bliev nix wie et wor« (Es bleibt nichts, wie es war).

Ich besuche David also im »Haus der menschlichen Begleitung« in Bergisch Gladbach, ich gehe den »Pfad der Sehnsucht«, mit dem der Künstler Rolf Hinterecker dort das Leben ergründet, und ich wandle im lichten Wald der »Gärten der Bestattung«. Traumwandle. Diese Wirklichkeit ist so ganz anders als meine. Dies hier ist kein Ende. Später sitzen wir am Tisch in einem der gemütlichen Gasthäuser beim Altenburger Dom. Dort fand die Trauerfeier für Fritz Roth statt, und in der Gastronomie ringsum wurde auf ihn angestoßen. Das hatte er sich gewünscht, und nicht zu knapp. Ich hatte mich gut vorbereitet auf das Treffen und während der langen Zugfahrt »Das letzte Hemd ist bunt« nicht nur gelesen, sondern recht gründlich durchgearbeitet, mit dem Stift in der Hand, Passagen unterstrichen, die mir besonders wichtig erschienen und an die ich beim Gespräch anknüpfen wollte: »Der Tod ist ein Ort der Fragen, nicht der Antworten.« Und ein paar Sätze weiter aus dem Buch des italienischen Journalisten Tiziano Terzani: »Der Tod nimmt uns alles. Gelänge es uns, vorher schon etwas Ballast abzuwerfen, würden wir uns freier fühlen …« Ich bin mit schwerem Gepäck gereist.

Ich war gefasst auf gute Ratschläge. Unterstrichen hatte ich: »Ich habe nicht erwartet, dass mir etwas so Schreckliches geschieht. Aber nun ist es geschehen, es liegt nicht in meiner Macht, es ungeschehen zu machen. Vor mir liegt eine äußerst schwierige und schmerzhafte Zeit – was kann ich tun, damit es mir gelingt, sie zu meistern?« Am Abend zuvor hatte ich einen ersten kleinen Schritt versucht, ich habe mich aus dem Hotelzimmer getrieben: alleine essen gehen, nicht aus Hunger, sondern um es zu lernen. Ich stellte mir das ein bisschen zu einfach vor, denn außer einer vorzüglichen Linsensuppe habe ich von diesen ersten Gehversuchen nichts profitiert. Ich nahm mir noch ein Kölsch aus der Minibar und trank es aus der Flasche.

David gibt keine Ratschläge. *»Ich habe kein Konzept für den Umgang mit Tod und Trauer, man muss experimentieren – Tiramisu ist auch jedes Mal anders.«* Wir reden schon die ganze Zeit über Essen. Nicht, dass wir kulinarische Trefflichkeiten austauschen, uns beide beschäftigt, was ein Geschmack bewirken kann. Essen ist auch Erinnerung, mit Liebe. Wie Weihnachten bei Oma nachkochen, Majala Traumcreme, den Zitronenpudding mit dem Eselchen, kenne ich auch noch. Mit dem Vater verbindet David die Lust am Essen und Trinken, er hat gerne etwas Besonderes zelebriert, »während ich lieber Kartoffeln mit Soße hatte«. Dann ist David ihm doch noch in die Restaurants gefolgt, und wenn er die Gabel jetzt zum Mund führt, lässt er das fröhliche Interesse aufleuchten, das ich so schätze, wenn ich mit Menschen am Tisch sitze. Wir sind dann wieder bei dem Thema, das uns hier zusammengeführt hat. Das Leben stürzt ein. Der Tod nimmt alles. Was übrig bleibt, ist nicht nur Schmerz, sondern Wut. Warum mir? David sagt: *»Wir leben heute, als hätten wir Anspruch auf ein glückliches Leben.«* – »Ja«, sage ich, »und wenn das nicht klappt, treten wir in der Hungerstreik.« David: *»Essen klappt noch, aber der Fokus liegt oft auf der Essensaufnahme,* *dann gibt es Fast Food, der ganze Genuss ist weg.«*

»Es ist die Frage, ob man das nicht lustvoll angehen kann.« Wieder David. Das würde bedeuten, dass ich mit meinem Selbstversuch nicht neben der Spur bin: »Machen wir ein Kochbuch?« Er und ich sagen jetzt wir. Unterschiedlicher könnte man nicht sein. Ich bin nur drei Jahre jünger als Davids Vater heute wäre, ich bin eine schillernde Heulsuse, während David ein zugewandter Mensch ist. Bei den Getränken sind wir uns ähnlich, weil ich kein Bier trinke, aber Kölsch. Wir treffen uns bei der Überzeugung, dass Essen mehr ist als die Ernährung des Körpers. David wiederholt: *»Trauer ist Liebe. Und Liebe geht durch den Magen.«* Und was ist Ihr Lieblingsgericht, David?

Wenn ich Muße habe, mache ich gerne die Sachen, die ich von meiner Oma kenne. »Schlot« zum Beispiel, das meint einen Salat, genauer: »Endivien untereinander«, das ist ein Kartoffelstampf mit ordentlich Speckstippe, Zwiebeln und einem Schuss Essig dabei, süß-säuerlich, nicht zu dünn, nicht zu dick und schließlich mit Endiviensalat gemischt. Als Kind habe ich mich regelmäßig überessen, wenn es das gab. Viermal habe ich mir die Zubereitung von der Oma aufschreiben lassen und wieder verbummelt. Ich war der Hoffnung, sie noch ein weiteres Mal danach fragen zu können, doch sie ist zu schnell gestorben. Wir haben die Erinnerung. 30 Leute zu Weihnachten mittags um den Tisch, es gab natürlich Kartoffeln in verschiedenen Varianten, Braten und diese Traumcreme hinterher. Wer würde heute noch einen solchen Aufwand treiben, nur um beieinan-

der zu sein. Es ist etwas geblieben davon. Bei unseren Kochseminaren fällt mir auf, dass es natürlich total schön ist, ein eigenes Lieblingsessen oder eines als liebste Erinnerung zu kochen – aber es geht dabei um mehr, nämlich darum, etwas Neues zu machen, zusammen zu überlegen, wie das in der Gemeinschaft gehen kann, und sich damit weit über das Essen hinaus wohl und geborgen zu fühlen.

Wir haben ein gutes Jahr an diesem Kochbuch gearbeitet. Ich hatte den leichteren Part am Herd. Kochrezepte sind die Art Anleitungen, die funktionieren und zuverlässig zu einem gelungenen Ergebnis führen. Ich habe mit Sorgfalt notiert und nochmals probiert, ganz gegen meine Gewohnheiten auch abgezählt, abgewogen und nachgemessen. Ich habe Kochen niemals gelernt, aber: Ich liebe es. Doch bin ich dabei auch flatterhaft. Auf präzise Mengen achte ich höchstens beim Backen, und dass ich vor dem Kochen einkaufen gehe, um die obligaten Zutaten bei der Hand zu haben, ist eher die Ausnahme. Das war zu Beginn dieses Projektes mein Glück. In den Kühlschrank starrend habe ich planlos einen Weg gefunden, habe geschnuppert, getastet, geschmeckt, was es alles noch gibt außerhalb meiner Bitterkeit. Kochen hat mir dabei geholfen zu akzeptieren, dass auch etwas Schönes existieren darf. Ich kann wieder ein bisschen was genießen. Das darf ich sagen nach dieser Zeit.

Während ich vom Duft des Suppenhuhns einen Tropfen hinters Ohr nehmen könnte, mag das für viele ein Affront sein. Ich bestelle mir zum Spielen eine Kiste kleiner hässlicher Orangen aus Mallorca. Das mag man (höflich) für verschwenderisch halten – ich kaufe mir allerdings nur ein Paar Schuhe im Jahr. Ich verwende Alkohol in meiner Küche und in meinem Leben – das hält man, wie man's mag. Meine Rezepte gelten also für mich. Doch vielleicht können wir eine Idee geben, womöglich neugierig machen, eventuell Lust erzeugen oder hoffentlich erinnern an etwas, das verschüttet liegt. In jedem Fall kann es nicht schaden, sich »lebenswert« zu ernähren.

Neulich saß ich wieder mit David zusammen, in meiner Küche zum Probieren und Reden. Ich erzählte und fragte, und oft genug hatte David die einfache Antwort. Ich habe gewürzte Nüsse geröstet und speckige Blätterteigschnecken gebacken, ein fünfstündiges Schwein im Ofen geschmort und Ananas-Salsa zubereitet, ich habe meine salzigen Mandelkekse und den libanesischen Kuchen gebacken und eine Karottensuppe gekocht, die versehentlich eine Orangensuppe wurde, weil wir zu viel zu lachen hatten. Wir haben uns gefrorene Trauben mit schwarzer Schokolade im Mund zergehen lassen und darüber diskutiert, ob der Gedanke, dass wir uns nicht freuen dürfen, ein protestantischer oder katholischer ist. Weder noch. Später mache ich ohne Not noch eine Flasche Rotwein auf.

Ganz am Anfang war alles schwer.

Zum Weinen in die Küche

Ein Selbstversuch

5. September

Das Essen war vorzüglich. Ich hatte mich nie zuvor an Johanna Maiers helle und dunkle Schokoladen-Mousse gewagt, in einem Glas geschichtet mit karamellisierten Haselnüssen, »Hier ist Feingefühl angesagt«, schreibt sie selbst. Es ist die beste Jahreszeit, der Markt ist prall gefüllt. »Befiehl den letzten Früchten voll zu sein«, Jost (mein Mann) amüsiert sich, weil ich Ende August immer Rilke trage. Wenn ich ehrlich bin, finde ich die Melancholie dekorativ. Letzte Früchte, wunderbar, das hört sich wie ein Stillleben an. Ich habe einen Salat aus Steinpilzen und Brombeeren, kleinen gelben Tomaten und Artischockenböden kombiniert. Die Freunde sind gegangen. Ich räume routiniert ab. Das Beste an einem Abendessen ist die Stunde danach. Allein zu zweit.

Kleine Nachrede, »ausrichten« nennt man das bei uns, das ist nicht böse gemeint, man tauscht halt Beobachtungen aus, während die Spülmaschine läuft. Wie viele Teller und Gläser doch immer anfallen für sechs Leute. Nein. Für fünf Leute. Ich hole mit dem Finger einen Rest Tomatenrisotto aus der Schüssel. Das ist sogar kalt noch ein Gedicht, wie Sonne mit viel Butter. Ein Klecks fällt mir auf den Fuß. Alles bricht zusammen. Übermorgen wird mein Mann beerdigt. Und ich habe Freunde zum Essen eingeladen. Vier Menschen, zwei Paare, heute nur fünf Teller, das erste Mal seit 34 Jahren und ab jetzt immer und immer. »Ich möchte für euch kochen.« Das hatte mich angesprungen, ich weiß nicht woher. Gut, Kochen war unser Lebensherz. Wenn andere ein gutes Buch lesen, schneiden die Niemeiers Speck. Aber jetzt doch nicht.

Ich blättere abends bei Connie Palmen, die sich ganz aufgelöst hat in ihrem Schmerz über den Tod ihres Liebsten. Ich hingegen gehe auf den Wochenmarkt. Ich ertrage die Frage »heute allein?« mit einem neutralen Murmeln, sie wissen noch nichts. Niemals hat man einen von uns beiden allein beim Einkaufen gesehen. Ich wähle Steinpilze aus, schöne große feste Exemplare, um diese Zeit kaufen wir immer Steinpilze. Ich nehme eine Schale Brombeeren dazu, das dunkle Violett und der Duft nach dem Ende des Sommers. Das ist mein Eingeständnis des Geschehenen, denn mein Mann findet Steinpilze mit Brombeeren nicht gut, für ihn nur mit Butter gebraten, etwas Knoblauch, Salz, Pfeffer, basta così. Ich bereite die Mousse noch am gleichen Abend zu. Ich denke an nichts anderes als an die richtige Temperatur für die Schokolade, die Sahne dann sehr ruhig und gleichmäßig, aber auch entschlossen unterrühren. Das Gelingen hängt von Hingabe ab, besonders bei der weißen Schokoladenmousse, die mir misslingt, wenn ich nicht konzentriert bin. Diesmal wird sie perfekt. Ich schäme mich jetzt dafür. Den Freunden habe ich sowieso viel zugemutet. Ich vergesse ihnen nie, dass sie in meine Geisterbahn gekommen sind, und es wäre ihnen bestimmt leichter gewesen, wenn ich kein tadelloses Dinner serviert hätte. Ich erinnere mich nur in Umrissen. Wir haben viel gesprochen, auch gelacht, ja, aber was und worüber? Präsent dagegen ist mir die kühle dunkelsamtige Schokolade unter der seidenweißen flaumigen mit den zuckerknackenden Haselnüssen. Das kommt mir schäbig vor, ich verliere mein halbes Leben, gefühlt mein ganzes, und ich denke über Essen nach.

Anfang Oktober

Ich habe ein Koch-Tagebuch eröffnet. Es ist schwarz mit roten Ecken, das ist keine Symbolik, sondern Zufall, gut eineinhalb Zentimeter dick, das kann reichen für die nächsten Monate, es soll mich begleiten bei der immer noch fassungslosen Beobachtung meines übrig gebliebenen Lebens. Ihr müsst essen! steht auf der ersten Seite. Aha, ich versuche also, mich zu rechtfertigen. Essen des Überlebens wegen. Tatsächlich ist es anders: Ich muss kochen! Ich koche manisch. Die Tage bringe ich ungeduldig hinter mich, erledige meine Pflichten diszipliniert, dem Ziel, dem Abend entgegenfiebernd, bis ich endlich in der Küche stehen kann und etwas zubereite. Es ist die einzige Zeit des Tages, in der ich bin. Ich kann nicht die Frage beantworten, wie es mir geht. Ich kann nicht sagen, wie ich morgens aus dem Bett komme, und ich weiß nicht, wer die Frau im Spiegel ist. Es geht mir besser, wenn ich eine große fleischige Tomate halbiere und sie auf einem Stück Weißbrot ausdrücke, das ich mit Olivenöl und Knoblauch in der Pfanne gebraten habe, bis sich die Krumen vollgesogen und gerötet haben mit dem Saft. Ich halte das Brot unter meine Nase, ich bin im Leben für diesen Moment. Ich halte mich an einem Huhn fest, das kühle glatte Fleisch unter meinen Händen, ich massiere es mit Olivenöl, Zitrone und Honig, es fühlt sich gut an. Ich schneide die frischen Feigen auf und zerdrücke das Fleisch zwischen Zunge und Gaumen, betäubende Süße um den winzigen Widerstand der Samenkernchen. Ich lege roséfarbene Trauben in den Froster und lasse sie dann im Mund knacken. Ich schaffe die Zeitung nur mit Müh und Not, es fällt mir schwer, die Botschaften ins Hirn einzufädeln, der Faden reißt ständig ab, und ich fange wieder von vorne an. Das ist entmutigend. Mit den Sinnen komme ich besser klar. Geschmolzener Käse auf einer Kartoffel. Das ist ein kleines aber deutliches Ja. Melone / Gurke / gelbe Kiwi / Tomate / Chili / Honig / Zitrone / Olivenöl / Anis / Saibling, ich schreibe alles auf. Linsen / Zwiebeln / frische Feigen / Hühnerbrust. Ich kann nicht genau sagen, warum ich dieses Tagebuch führe. Rote und gelbe Paprika geschmort mit Mozzarella und frischem Majoran. Aubergine und Orangenjoghurt. Manche Freunde betrachten mich wie ein seltsames Tier. Ich muss meine Essenseinladungen etwas einbremsen. Rote-Bete-Terrine mit Süßkartoffel und Ziegenkäse, Karottensuppe mit Vanille und Riesengarnelen, Bulgur mit Zucchini, Lauchzwiebeln und rosa gebratenen Lammstreifen, Apfelkuchen mit Kaffeestreuseln, schon um zehn Uhr verabschieden sich die Gäste. Normalerweise bin ich meine eigene Laborratte. Ich verfolge die vage Idee, dass Sehen, Riechen, Schmecken etwas mit der Innerlichkeit anstellt. Ich habe versucht, dazu nachzulesen. »Comfort food«, das ist Trostessen. Eine Studie kommt zu dem Ergebnis, dass Essen tröstet, weil eine Speise an geliebte Menschen = Kindheit erinnert und Geborgenheit suggeriert. Vor allem amerikanische Quellen sind ergiebig: Makkaroni mit Käse, Hackbraten mit Kartoffelpüree, Schokoladenpudding, Spaghetti mit Fleischbällchen, Toast mit Erdnussbutter und Bananen, Tomatensuppe, dicke Saucen ... Das ist es nicht, was ich meine. Höchstens noch Tomatensuppe. Trostessen mag funktionieren, ich erinnere mich entfernt ans Einlullen mittels Kartoffelsalat mit Mayo gegen Liebeskummer. Zu spät. Ich backe eine ganze Sellerieknolle drei Stunden lang im Ofen (das ist ein Duft wie liebe Worte) und dekoriere sie mit Zitrone und Crème fraîche.

Ende Oktober

Mein Festtag ist Freitag. Dann ist Wochenmarkt. Ich kaufe zu viel ein. Genieße den Trotz, mich hinwegzusetzen über die Vernunft »Es ist doch nur für mich allein«, ich kaufe, was mir gefällt. Abends koche ich Apfelkompott mit Szechuan-

Pfeffer und Chutney aus Karotten, ich lege eine Zimtstange und ein Lorbeerblatt in die Kartoffelsuppe und schließlich auch noch Orangenschale, weil der Duft mich umarmt, und die Zubereitung der Zwiebelmarmelade hat die Länge eines Spielfilms. Fernsehen, zur Ablenkung empfohlen, das gelingt mir immer noch nicht. Der Vorrat meiner Einmachgläser ist fast aufgebraucht, demnächst wird mich niemand mehr einladen, weil ich immer etwas aus der Küche mitbringe. Ich backe einen Birnenkuchen, weil es sich wie eine frohe Erinnerung anfühlt, Butter, Zucker, Eier und Schmand zu einem glatten glänzenden Teig zu rühren und weil ich noch zwei überreife Exemplare von meinem letzten Einkauf übrig habe. Am nächsten Tag telefoniere ich durch Nachbarschaft und Freundeskreis: Darf ich bitte ein kleines Stück Kuchen bringen? Das muss noch gelöst werden: Der Zauber der Zubereitung verliert sich nach den ersten paar Bissen, ich esse immer noch nicht gern. Wegwerfen geht gar nicht, aber »ma chère poubelle« gibt es nicht, wie mein genießender Freund Boris den zugeneigten Menschen nannte, der sich gerne der Reste annimmt. Ich muss etwas anderes machen. Süßkartoffel / Petersilienwurzel / die restlichen Kerne eines Granatapfels / eine angeschnittene Zitrone / die übrige Petersilie / der Rest vom Schmand. Ich koche aus dem, was da ist. Altbackenes Brot / Gurke / Avocado / Orange. Kartoffeln / Zitrone / Birne / Käsereste. Es ist ein Erfolgserlebnis. Andere malen. Es ist jetzt nicht so, dass ich künstlerischen Anspruch erheben würde auf meine Kocherei. Aber ich fühle mich beim Schneiden, Schälen, Schnippeln, wie soll ich sagen: gestaltend aufgehoben? Wenn ich Nüsse in Scheibchen teile, entkomme ich dem Hamsterrad im Kopf. Die Haselnüsse (habe ich mit abgelaufenem MHD, aber noch gut genug zum Verbrauch, beim Aufräumen gefunden) zu Chicorée / Orange / Schinken. Karotten / rote Zwiebel und Rosinen / Sardellenfilets / Pinienkerne. Linsen / Kürbis / Frischkäse. Radicchio / Lauchzwiebel / Mango / Cranberries / Reste von gekochter Roter Bete / Walnüsse / kandierte Orangenschale mit einem Dressing aus Quittensaft, Senf, Honig und Kernöl nenne ich Salat nach Forrest Gump: »Das Leben ist wie eine Schachtel Pralinen, man weiß nie, was man kriegt« – sieh mal an, in homöopathischen Mengen kehrt Lächeln zurück. Ich fange an, meine Gerichte zu fotografieren. Und ich trage roten Lippenstift.

Februar

Entwarnung. Es ist kein Wunder geschehen. Aber ich habe Weihnachten und Silvester überstanden und konnte mich nachher im Spiegel anschauen. Mein Buttergebäck habe ich allerdings mit Fenchelsamen bestreut. Das ist wohl ein bisschen theatralisch gewesen, der bittersüße Duft hat mir so gut gefallen als Kompromiss zwischen gut gewesenen Tagen (Jost und ich, wir pflegten die Weihnachtszeit als formidable Völlerei) und dem entleerten Leben. Geschmeckt hat das aber niemandem außer mir und meiner Herzallernächsten. Die Zahl der nahen Menschen hat sich stark ausgedünnt. Kein Wunder, ich nerve. Wie es mir geht? Ein Unterton in der Frage lechzt nach einer endlich positiveren Auskunft von mir, das muss doch mal langsam besser werden … Trotzig erfülle ich die Erwartung nicht. Kann sie aber insgeheim verstehen. Ich denke daran, dass wir ein gnadenlos positives Paar waren, mit allzeit zackigem »wird schon!«, und zur Begrüßung gerne die Frage mit eingebauter Antwort »alles gut?« Es ist nur gerecht, dass ich jetzt mal die Betroffene bin. »Kein Schwein ruft mich an«, und wenn doch, bin ich dornig. Einladungen schlage ich aus und koche lieber Marmelade aus Mandarinen. Die habe ich nicht selbst erfunden, sondern aus der Süddeutschen Zeitung, danke an Hans Gerlach dafür. Es gibt andere Rezepte mit Zimt, Gewürznelken, Sternanis, Kardamom und Vanillezucker. Die pure Version aus Mandarinen, Zucker und Zitronen ist unschlagbar, Kindheit steigt aus der Tiefe auf. Das ist inneres Leuchten. Der Geruchssinn öffnet Schubladen in den Archiven des Gehirns. Mandarinen: unbesorgte Fröhlichkeit mit Schneeflocken auf der Nase. Ich erinnere mich an die indische Küche: Die Gewürze werden zuerst geröstet, das funktioniert auch mit Rosmarin, Chili, ein wenig Zimt und Wacholderbeeren für eine ganz gewöhnliche Tomatensoße. Die Küchenchefs mögen das nicht, ich schon, die Wirkung ist betörend. Rote Bete in einem Sud mit Zimtblüte, Wacholder, Thymian, Piment, Nelken, Pfeffer, Zitronen- und Orangenschale, Raumduft, Typ »zur Ruhe kommen«. (Man kann die Beten nachher mit Sauerrahm oder Joghurt essen.) Natürlich Hühnersuppe (es gibt tatsächlich Raumspray Chicken Soup) der Nase nach mit Orangenschale, Zitronenblättern, Ingwer oder besser noch: Galgant. Wenn ich sehr friere, koche ich eine Dose Kokosmilch zu dicker Creme. Nicht lachen, das hilft wirklich. Mai: Schlechtes Wetter war mir lieber, das allgemeine Ergrünen ist rücksichtslos. Meine Spargelfrau auf dem Markt schaut mich mit umflorten Augen an. Wir gehörten immer zu den besten Kunden. Ich beschließe, treu zu sein. Spargel war nicht mein Ressort, mein Mann hat ihn ausgewählt, geschält und zubereitet, allenfalls habe ich begleitend etwas herumgenörgelt. Ich kann nicht mit dem patenten Schäler umgehen, und ich will den Spargel nicht mit Sößchen und Kartöffelchen zubereiten. Musst du gar nicht! Da sticht die Realität wieder zu: Du kannst ab jetzt für immer alles so machen, wie du es willst. Der Spargel ist die lächerlichste Verdeutlichung dieser zweifelhaften Freiheit. Keine Butter mehr, kein Parmesan, keine Hollandaise, kein kleines Steak und kein gehacktes Ei. Ich mache grünen Spargel mit Olivenöl im Ofen auf Karottenpüree. Ich backe weißen Spargel mit Rosmarin und Zitronenscheiben zu rohem Babyspinat und gerösteten Brotwürfeln. Grüner Spargel mit Miso-Sauce, Spargel Pannacotta und Spargel Gazpacho, Spargel mit Bratwurst und Himbeer-Rettich, weißer Spargel mit Linsen und Erdbeerpüree, grüner Spargel mit Aprikosen. Der Gazpacho ist wirklich toll. Und meine Spargelfrau ist zufrieden und strahlt mich an, während sie die Stangen wieder einzeln von Hand verliest: »Gell, wir machen es genauso wie für ihn.« Manchmal möchte ich sehr laut schreien.

Ende August

Das Buch ist voll. Meine Abende verbringe ich noch immer in der Küche. »Ich hab ja Zeit«, steht auf der letzten

Seite: Zwetschgenröster klassisch, eine Stunde oder länger werden die halbierten Zwetschgen bei mäßiger Temperatur im Backofen auf volles Aroma gebracht. Versteckt hatte ich auf Erlösung bei Jahresfrist gehofft. Eines Morgens aufwachen und wieder ganz sein. Natürlich hatte ich im Hinterhirn gewusst, dass es nicht so sein würde, begehe die Baustelle also gefasst. Nicht alles ist schlecht. Mein Körper ist schamlos gesund, vor einem Jahr hatte sich meine Haut wie vor Entsetzen von mir gelöst und alle paar Tage versank mein Herzschlag in einem Sumpf. Ich halte mich jetzt besser aus. Das macht es den anderen leichter, bin nicht mehr bis an die Zähne mit Schmerz bewaffnet. Mache mich manchmal sogar über mich lustig. Das Lachen scheppert noch ein bisschen falsch. Aber ich bin auf dem Weg.

Ich möchte mich nützlich machen. Ich steige noch einmal hinunter an die Tiefpunkte und erinnere mich. Was habe ich gekocht, als mir so kalt wie in keinem Winter war? Wenn der Sonntag wieder einmal über mir zusammenschlug und als mir der erste Silvesterabend drohte? Ich räume meine Küche des vergangenen Jahres auf. Und siehe da, es findet sich Sinn im Chaos. Die vorläufige Bilanz meines Selbstversuchs in 22 Kapiteln: wie es einem so geht und was ich dagegen koche, mit Rezepten und kundigen Beilagen von David Roth.

Mit Kartoffeln allein zu Haus

Suppe mit Zimt und kanarische Erdäpfel

Immer noch gibt es Tage, an denen ich mein Gesicht für mich behalte. Ich bleibe zu Hause, wenn der rote Lippenstift wie ein Schrei aussieht. Ich weiß nicht, wie es geschieht, es geht vorbei – bis dahin versuche ich, so wenig Schaden anzurichten wie möglich. Besser geht es, wenn ich nicht kämpfe, Kartoffelsuppe tut gut. Noch besser: mit Zimt.

Der Titel des Buches entspringt hier. Was hat ausgerechnet Zimt in der deutschesten aller Suppen zu suchen? Meine Inspiration kommt in erster Linie aus meines alten Vaters schöner Pfalz, wo zur Kartoffelsuppe = Grumbeersupp auch heute noch Quetschekuchen = Zwetschenkuchen mit Zimt gegessen wird. – Die Volksheilkunde preist seine krampflösende, beruhigende und stimmungsaufhellende Wirkung, Ayurveda, TCM und Aromatherapie sprechen auch dafür, und die brave Kartoffel kriegt eine erotische Kurve.

Was tue ich bloß gegen diese Tage, David?

Nichts, das ist schon ok. Man darf auch mal schlecht drauf sein, und man muss sich nicht dafür entschuldigen. Willibert Pauels ist bei uns im Bergischen eine Sonderausgabe, jeder kennt ihn, Diakon und Karnevalist, die Leute schmeißen sich weg vor Lachen, er ist ein urkomischer Büttenredner – mit einem schwarzen Hund. So nennt er seine Depression. Er geht ganz offen mit der Traurigkeit um und hat auch ein Buch darüber geschrieben. Neulich erzählte er, dass eine Grußkarte ihm mehr geholfen hat als vieles andere mit dem schönen Spruch »Lieber ein warmes Bier als das arme Tier!« Wir wollen jetzt aber mal nicht Trauer mit Depression in einen Topf werfen. Trauer ist keine Krankheit. Wichtig ist es, sie zuzulassen, auch wenn sie die paar Tage Sonderurlaub überschreitet, die bei uns in der Regel für Verluste vorgesehen sind. Wir sind keine Maschinen, das müssen wir zuallererst selbst anerkennen.

Kartoffelsuppe mit Zimt

Für 2 Portionen oder 4 Vorspeisen

3 mittlere mehligkochende Kartoffeln
(ca. 300 g)
1 kleine Karotte
1 Stange Sellerie
1 kleines Stück Lauch, das Weiße
1 Esslöffel Olivenöl oder braune Butter*
etwa ½ Liter Gemüse- oder
Geflügelbrühe
Salz
1 Teelöffel Kurkuma (nach Belieben)
¼ Teelöffel Zimt*
1 Esslöffel Sahne

Karotte, Sellerie und Lauch in feine Würfel schneiden und unter Rühren bei mittlerer Hitze in Olivenöl oder brauner Butter anschwitzen, ohne dass die Gemüse Farbe annehmen. Kartoffeln schälen, waschen, in mittelgroße Würfel schneiden und zum Gemüse geben. Rührend etwa fünf Minuten miteinander dünsten und dann die Kartoffeln und Gemüse mit Brühe bedecken. Etwa 30 Minuten weich kochen und würzen. Ich mische Meersalz mit dem Zimt im Mörser, das duftet gut, zwei bis drei Teelöffel davon wird die Suppe schon vertragen. Kurkuma kommt weniger wegen des Geschmacks denn der strahlenden Farbe dazu. Durch ein Sieb passieren und zuletzt die Sahne einrühren, das darf nach Geschmack auch etwas mehr sein.

Papas Arrugadas, Zitronenkartoffeln von den Kanarischen Inseln

Für mich und für den nächsten Tag

500 g kleine festkochende Kartoffeln
50 g grobes Meersalz
1 Bio-Zitrone

Kartoffeln waschen, ungeschält in einen kleinen Topf legen und mit Wasser knapp bedecken. Zitrone in grobe Stücke schneiden, über den Kartoffeln verteilen und das Salz gleichmäßig darüberstreuen. Im offenen Topf etwa 30 Minuten kochen, bis die Kartoffeln weich sind und das Wasser verdunstet ist. Wenn doch noch Wasser im Topf steht, abgießen und die Kartoffeln ein paar Minuten auf geringer Hitze trocknen lassen und dabei sachte durchschütteln, bis sie von einem weißen Salzhauch überzogen sind. Auf den Kanarischen Inseln isst man dazu Mojo*, eine scharfe rote Sauce aus Olivenöl, Pfefferschoten, Knoblauch und Tomate, oder die milde grüne Version aus Kräutern. Ich finde die deutsche Variante mit gewürztem Quark* reizvoll, ein paar Esslöffel spritziges Mineralwasser machen ihn schön cremig.

Wärme mich!

Tomaten trösten

Paradeiser ist der schönere Name. Tomaten waren immer schon Freude für mich, die Frucht der besten Lebenszeit, purer Optimismus, süß, prall, glänzend und leuchtend, in welcher Farbe auch immer. Ich habe es nicht mit der Esoterik, interessant ist aber, dass die Chakrenlehre Tomaten mit dem Sakralchakra in Verbindung bringt, das unterhalb des Bauchnabels für die Beziehung zur Lebendigkeit steht. Muss nicht sein. Tomaten sind jedenfalls Leben. Die einzigartige Besonderheit ist, dass die Tomate in der Dose weiterlebt, ihr Aroma bleibt. Vor allem die Sorte San Marzano aus der Gegend von Neapel schmeckt wie mitten aus dem Sommer, aber auch gewöhnliche Supermarktkonserven enthalten einen hohen Anteil Zärtlichkeit. Das meine ich ernst. Die Süße einer Tomate ist das innigste Aroma, das es gibt. Das klingt entrückt, funktioniert aber. Am besten mit ganz einfachen Zubereitungen, hier sind die drei Rezepte, die mich am besten trösten.

Wie reden wir über die Entbehrung der Berührung, David? Das ist wohl kein Tischgespräch.

Eine neue Beziehung einzugehen, ist für viele mit einem Tabu belegt. Männer sind meist pragmatischer, das hat Tradition. Ich spreche als Beobachter und Begleiter: Jedes Bedürfnis ist in Ordnung. Wenn Überlebende Lust auf Sexualität verspüren, sollen sie der um Himmels willen nachgehen. Wenn Sie nicht wollen, ist das ebenso richtig. Aber: Auch wenn Sie sich so fühlen, sind Sie doch nicht der Nabel der Welt, ganz oft wird vergessen, dass es auch um Fairness dem neuen Partner gegenüber geht.

Tomatenrisotto

Der Risotto ist das Herzgericht der italienischen Küche. Er ist alles, was eine Trostspeise ausmacht: heiß, cremig, rund und füllig (nie, wirklich niemals darf man an Butter und Käse sparen!) und nahezu meditativ in der Zubereitung. Gut 20 Minuten lang darf ich konzentriert rühren und Reiskörner beobachten, wie sie sich schmelzend verbinden. Das ist eine Entspannungstechnik. Ansonsten ist das keine große Sache. Wichtig ist ein ausreichend großer Topf, in dem der Reis in einer dünnen Schicht Platz findet (für die angegebene Rezeptmenge etwa 22 cm Durchmesser) und spezieller Risotto-Reis, den es in jedem gut sortierten Supermarkt gibt.

Für 1-2 Personen

Tomatensauce
1 kleine Zwiebel (am liebsten rot)
4 frische Tomaten oder Tomaten aus der Dose
1 Lorbeerblatt
Salz
Pfeffer
Olivenöl*

Zuerst die Tomatensauce zubereiten – vielleicht in einer größeren Menge, die in Schraubgläsern im Kühlschrank einige Wochen haltbar ist? Die Zwiebel bequem schneiden, das heißt für mich: die Hälften je dreimal längs, einmal quer und dann der Breite nach, sodass sie automatisch in mittelgroße Würfelchen zerfallen. Einen Esslöffel Olivenöl bei mittlerer Temperatur in einer Kasserolle erhitzen und die Zwiebelwürfel drei bis vier Minuten rühren – ich nehme am liebsten rote Zwiebeln, weil die sich jetzt in ein liebliches glasiges Sanftrosa wie Edelsteine verwandeln. Tomaten grob hacken, zugeben, dazu ein Lorbeerblatt, einen kleinen Teelöffel Salz, etwas Pfeffer, und jetzt unbedingt die Nase darüberhalten – deshalb nehme ich Pfeffer frisch aus der Mühle! –, bevor der Deckel auf den Topf kommt und die Sauce bei kleiner Temperatur etwa eine halbe Stunde köchelt. Nach 15 Minuten beginnen die Tomaten zu duften, ich passiere sie schließlich durch ein Sieb, und weil ich noch nicht genug vom Duft habe, koche ich die entstandene glatte Sauce noch einmal fünf Minuten zu einer cremigen Konsistenz ein – für den Risotto sollte eine gute Tasse voll übrig bleiben.

Risotto

1 kleine Tasse Risottoreis* (ca. 100 g)
1 kleine weiße Zwiebel
4 Tassen Hühnerfond oder Geflügelbrühe (ca. ½ Liter)
2 Esslöffel Tomatenwürfel, am liebsten geviertelte Cocktailtomaten, die hübsch knackig bleiben
2 Esslöffel frisch geriebener Parmesan, Pecorino oder ein anderer mittelharter oder harter würziger Käse
1 Esslöffel Butter
Salz

Fond oder Brühe erhitzen und warm halten. Eine halbe Zwiebel, jetzt besser eine weiße, in feinste Würfelchen schneiden und mit einem Esslöffel Olivenöl auf mittlerer Hitze sanft dünsten, bis die Zwiebel schimmernd glasig wird. Eine Tasse Risottoreis dazuschütten und rührend zusehen, wie sich der gesamte Reis mit dem Öl überzieht und rundum glänzt. Das ist der richtige Moment, um einen Schöpflöffel der heißen Brühe anzugießen. Die Flüssigkeit wallt einen Moment auf, ich rühre, bis sie fast aufgesogen ist, gieße wieder Brühe an und so weiter, etwa 20 Minuten lang, und reguliere die Temperatur wenn nötig – der Risotto soll ständig leicht köcheln, mittlere Temperatur ist meist richtig. Es muss nicht unbedingt die ganze Menge Brühe verbraucht werden, wenn eine samtige glänzende Konsistenz entstanden ist, ein Löffelchen probieren: Die Körner sollen außen schmelzig, innen noch ein bisschen kernig sein – dann die Tomatenwürfel und die Tomatensauce (zuvor wieder kurz erwärmen) einrühren. Obenauf etwa zwei Esslöffel geriebenen Käse und einen Esslöffel Butter legen und zuschauen, wie beides gleich der Sonne bei Jesolo im Risotto versinkt. Topf von der Herdplatte ziehen, fünf Minuten ruhen lassen, einmal kräftig durchrühren und probieren, ob Salz fehlt.

Pan con Tomate

Pro Person

1 Scheibe Weißbrot
½ Fleischtomate
1 Knoblauchzehe
Olivenöl
Salz

Mein Rescue-Brot im Sommer, wenn die Zeit über mir zusammenschlägt: eine dicke Scheibe Weißbrot in der heißen Pfanne nicht zu sparsam mit Olivenöl begießen, leicht rösten, und von der anderen Seite genauso verfahren. Das Brot mit einer Knoblauchzehe einreiben, salzen und eine halbierte Tomate so darauf ausdrücken, dass in der Hand nur die Tomatenhaut zurückbleibt.

Danach habe ich fettige Hände, einen Fleck auf der Bluse, Mundgeruch und die Erinnerung an gute Tage.

Extra für dieses Brot wächst auch vor dem kleinen Haus meines heutigen Lebens jeden Sommer eine große Tomatensorte im Topf.

Sogar die großen Ochsenherztomaten oder die ausgezeichnete beutelförmige »Liguria«, die beide über zwei Meter hoch werden, gedeihen mit ausreichend Nahrung problemlos im beschränkten Platzangebot. Das ist Luxus, wenn mir am Ende eines sonnigen Tages eine pralle reife Frucht in die Hand fällt.

Pappa al Pomodoro

Für 1 Person (Hauptgericht)
bis 4 Personen (Vorspeise)

¼ Stange Sellerie
1 Chilischote*
½ Karotte
1 Knoblauchzehe
¼ Zwiebel
2 Esslöffel Olivenöl
1 kleine Dose geschälte Tomaten
(ca. 260 g) oder auch frische Tomaten
1 Scheibe Weißbrot, gerne altbacken

Dieses Rezept stammt aus der Toscana. Der Name bedeutet »Brei«, klingt mir aber wohltuend nach »Mamma«, diese Variante der Tomatensuppe halte ich für die fürsorglichste überhaupt. Die Konsistenz ist die einer Umarmung, ein amerikanischer Freund mit schwierigem Geschmack sagte mal: »It's so creamy.« Genauso ist es. Brot liefert die besondere Anschmiegsamkeit dieser Suppe. Das gefällt mir auch, weil ich altbackene Reste prächtig entsorgen kann.

Gemüse möglichst klein würfeln, Chili halbieren, entkernen und in dünne Ringe schneiden, den Knoblauch schälen, aber ganz lassen und alles bei geringer Hitze im Olivenöl geduldig und mit gelegentlichem Rühren so lange schmoren, bis das Gemüse duftet und golden aber keinesfalls braun wird. Das kann schon mal eine halbe Stunde dauern und ist eine Konzentrationsübung. In

Italien nennt man diese Gemüsebasis Soffritto, seine perfekte Zubereitung gilt als Grundlage der Kochkunst. Die Knoblauchzehe entfernen, Tomaten zugeben, Deckel auflegen und alles erst mal schön durchköcheln lassen, etwa eine halbe Stunde, ohne Weiteres aber auch länger. Das Weißbrot von der Rinde befreien, falls sie dick und hart ist, in Wasser einweichen und nach gut zehn Minuten ausdrücken, zerpflücken und in die Tomatensuppe legen. Im Mixer (oder besser noch mit dem Pürierstab) in den samtig sämigen Zustand bringen, die Suppe soll mehr dick als flüssig sein. In Italien gibt man zuletzt Basilikum und frisches Olivenöl dazu, worauf ich zugunsten der reinen Tomate verzichte.

Tomatenbonbons

Nichts tun außer eineinhalb Stunden Zeit haben: Kirsch-, Cocktail- oder Datteltomaten – irgendeine Sorte mit kleinen Früchten – halbieren und in eine flache ofenfeste Form nebeneinander legen. Kein Öl, kein Salz. Bei 150 °C im Ofen trocknen die Tomaten langsam zu süßem Naschwerk ein. Nach gut eineinhalb Stunden dürfte das gelungen sein, bei größeren Früchten lege ich noch einmal 30 Minuten drauf. Die halbsaftigen halbtrockenen Tomaten passen zu Spaghetti und allem Möglichen – ich esse sie lieber wie Pralinen, die Wirkung ist wunderbar.

Schmerzen

Erste Hilfe mit Kuchen

Erst vor drei Jahren habe ich aufgehört zu rauchen. Mit Entzug kenne ich mich aus. Der Körper ist aufgebracht, fletscht alle Nerven. Diesmal habe ich dem Verlust keinen Sinn entgegenzusetzen. Ich bin Zorn! Ein bisschen besänftigend sind immer wieder mal Speisen aus der vormals heilen Welt. Streuselkuchen. Für den Klassiker fehlt mir die Demut. Ich backe Crumble, da ist alles erlaubt. Oder Käsekuchen. Das ist auch so ein Geschöpf aus der beschützten Zeit. Käsekuchen ist: klein sein und keine Sorgen haben. Die Heimeligkeit von Quark funktioniert noch immer, die moderne Version muss nicht einmal gebacken werden.

Ach David, so kenne ich mich gar nicht.

Niemand kennt sich so. Der Tod konfrontiert uns mit einem Gefühl, das einzig ist im Leben, es ist größer als alle anderen. »Der Tod ist die vergessene Schwester des Glücks«, hat mein Vater immer gesagt. Es kommt dieser Moment, in dem es nur noch darum geht auszuhalten. Das gilt auch für uns, die Begleiter. Ein guter Bestatter hält aus, hält Hand, hält es aus, nicht helfen zu können, sondern nur da zu sein. Wir können keinen Rat geben, wir kennen kein Schmerzmittel – das gibt es nicht. Dann ist es gut zu wissen: Es gibt keinen sinnlosen Tod. Weil es kein sinnloses Leben gibt. Befreunden wir uns mitten in der Trauer schon mal damit, dass es bald auch darum gehen wird, schöne Momente auszuhalten …

Crumble geht immer

Für eine Form mit 20-24 cm
Durchmesser

Streusel
240 g Mehl
80 g Haselnüsse oder Mandeln oder
Pistazien oder Kokosflocken oder ...
140 g Butter
120 g Zucker
Zimt* oder Vanillemark* oder
orientalisches Kaffeegewürz oder
abgeriebene Orangenschale oder
Fleur de Sel* oder ...

Früchte
500-600 g Äpfel oder Birnen, Aprikosen,
Pflaumen oder frische Feigen
etwas Butter für die Form

Die Butter für die Streusel zerlassen. Nüsse, Mandeln oder Pistazien nicht allzu fein mahlen, mit Mehl, Zucker und Gewürz mischen. Die zerlassene Butter zugeben und den Teig mit dem Knethaken des Rührgerätes oder mit den Fingern locker zu Streuseln kneten (eine entspannende Tätigkeit, die ergotherapeutischen Lektionen gleichkommt). Früchte nach Wunsch vorbereiten, in die gebutterte ofenfeste Form aus Porzellan oder Keramik legen, mit den Streuseln bedecken und bei 200 °C 20-30 Minuten backen, bis die Streusel leicht gebräunt sind.

Lieber kleiner Käsekuchen

Für 2 Gläser mit je 200 ml

2 Eigelbe
2 Esslöffel Zucker
½ Blatt Gelatine
1 Prise Salz
Vanillemark
100 g Speisequark
1 Messerspitze Arabisches Kaffeegewürz*
1 Bio-Zitrone
1 Bio-Orange
125 g Sahne
100 g mürbe Nussplätzchen oder Kuchenreste

Gelatine in kaltem Wasser einweichen. Eigelbe mit einem Esslöffel Zucker, Salz und einer Messerspitze Vanillemark in einer Metallschüssel über einem heißen Wasserbad mit dem Schneebesen schlagen, bis eine schöne helle, cremige Masse entsteht. Den Schaum vom Wasserbad nehmen und die ausgedrückte Gelatine unterrühren. Quark, restlichen Zucker, Kaffeegewürz, abgeriebene Schale von je einem Viertel Orange und Zitrone, einen Teelöffel Zitronensaft und einen Esslöffel Orangensaft unterrühren. Sahne halb steif schlagen und vorsichtig unter die Quarkcreme rühren. Plätzchen zerkleinern und als Kuchenboden in Bechergläser füllen. Die Creme darauf verteilen, mit Folie abdecken und im Kühlschrank gut durchkühlen lassen.

Die Angst aufessen

Versuch mit einem Steak

Manchmal schlingt sich ein Gedanke um meinen Hals. Eine Sekunde lang freue ich mich, jetzt umzukippen, aber diese Gunst wird nicht gewährt. Ich habe Angst bei vollem Bewusstsein. Anfangs hatte ich immer Überlebens-Pastillen bei mir, aber ich wollte mich nicht beständig mit ihnen einlassen. Zu stolz, um von einem Produkt gerettet zu werden. Ich habe nach dem praktischen Umgang mit Angstattacken geforscht und bin natürlich auf unzählige Empfehlungen gestoßen, bis hin zur konsequent basischen Ernährung. Für Disziplin bin ich leider nicht bereit. Ich habe entdeckt, dass es mir – warum auch immer – hilft, eine Pflanze in die Erde zu setzen oder ein Stück Fleisch zu braten. Ich möchte aber hier erwähnen, dass ich nicht mehr als einmal in der Woche Fleisch kaufe und deshalb bei meinem Metzger sieben Euro fünfzig für eine Scheibe

Hochrippe von einem anständig aufgewachsenen Tier ausgebe.

Ich habe die Beruhigungs-Bonbons immer noch in der Schublade, David, und nachts bin ich manchmal auf der Kippe …

Kaufen Sie sich lieber Hilde Domin, »Nur eine Rose als Stütze«, da steht: »Ich setzte den Fuß in die Luft, / und sie trug.« Dieser Vers eröffnete ihren ersten Gedichtband, stand nachher auch auf dem Grabstein ihres Mannes Erwin Walter Palm und wurde zuletzt auch ihr Gruß an die Nachwelt. Dieser Appell, etwas zu wagen. Unser Pfad der Sehnsucht spielt das in dem Abschnitt, der über Glas führt und dabei den Blick in die Tiefe freigibt. Mich schauert es immer ein bisschen, wenn ich lese: »Von Beileidsbekundungen am Grab bitten wir Abstand zu nehmen.« Was ist da los? Wir haben Angst vor Situationen, die wir nicht durchplanen können. Was wird das mit mir machen, wie werde ich dastehen? Wir sollten mehr Vertrauen in die eigene Kraft haben. Oft genug stellt sich heraus, dass es gerade schön war, sich einzulassen. Der Kontakt war wohltuend. Selbst die Floskel »Beileid« kann etwas gewinnen, wenn sie sich so anfühlt, wie ein uns befreundeter Priester sie auslegt: »Ich bin bei dir im Leid«. Und schließlich das Erlebnis, dass wir stärker sind, als wir glauben. Das trägt. Es funktioniert jedoch nur, wenn wir uns nicht vernebeln.

Mein Rib Eye Steak

Für mich allein

1 knapp 2 cm dicke Scheibe aus der Hochrippe
Olivenöl
Fleur de Sel*
1 Teelöffel Butter
1 längs halbierte Zimtstange*
wenn möglich ein Rosmarinzweig

Ganz wichtig ist es, dass das Fleisch ein bis zwei Stunden vor dem Braten aus dem Kühlschrank kommt.

Ich massiere das Steak dann mit wenig Olivenöl von beiden Seiten und lege es in die vorgeheizte Pfanne (ich benütze eine Gusspfanne mit Beschichtung), dazu die halbierte Zimtstange, die dem Fleischaroma die gewisse Rundung gibt.
Jetzt Sinne einschalten! Zwei Minuten sollten erst einmal genug sein – das können Sie hören, riechen und sehen – dann das Steak wenden und gleichzeitig die Herdplatte ausschalten.

Ich benütze den Rosmarinzweig, um die Butter auf dem Fleisch zu verstreichen und streue Fleur de Sel darüber. So ist es gut für mich, ich brauche nicht mehr.

Der Sommer war sehr groß

Viel buntes Gemüse

Wenn ich etwas Schönes erleben will, schneide ich für ein Backblech voller Gemüse Paprika aller Farben, verschiedener Formen und Schärfen, dazu Zucchini, womöglich eine milde Zwiebel. Eine ganze frische Knoblauchknolle kann quer halbiert Parfum verbreiten, ohne mitgegessen zu werden. Rosmarin ist großartig, aber auch frischer Majoran, Petersilie trocknet zu feiner dunkelgrüner Knusperspitze. Sommergemüse illustriert meine besten Erinnerungen. »Summertime and the livin' is easy … Your daddy's rich and your ma is good lookin'. So hush, little baby, baby, don't you cry.« Im Sommer ist alles gut. Du schlepptest einen großen Leuchter hinaus in den Garten und machtest die Kerzen an, schon sah der Abend aus wie in einem Landhaus der Provence. Wie ich diese gemeinsame Zeit vermisse, ich schaue in den Ofen wie in ein Fotoalbum.

Ich frage mich, David, ob ich es mir nicht zu einfach mache, in Trauerarbeit bekomme ich mangelhaft.

Zunächst einmal, das Wort »Trauerarbeit« ist für mich ein Unwort, ein echtes No-Go. Es suggeriert, dass es da etwas abzuarbeiten gibt, etwas, das mit Fleiß, Organisation und Know-how beherrschbar wird. Trauer und Arbeit haben in etwa genauso viel miteinander zu tun wie Kuh und Sattel. Ich will Ihnen eine berührende Geschichte erzählen, die sich bei uns genau so zugetragen hat. Eine Familie versammelt sich um einen offenen Sarg ohne Dekoration, ohne Organisation, es standen nur ein paar Kerzen in dem Abschiedsraum. Nach einem kurzen Moment der Stille haben die Eltern und die Kinder das Schlaflied »Guten Abend, gute Nacht« für die verstorbene Oma gesungen. Dieses Lied hatte die Großmutter ihren Töchtern und Enkelkindern immer beim Zubettgehen vorgesummt. Passt da der Begriff Trauerarbeit? Doch wohl eher nicht. Wer glaubt, er könne durch eine teure Beerdigung mit Messingbeschlägen am Sarg und dem Kauf eines teuren Leichenhemdes seine Trauer abarbeiten und sich von Schuldgefühlen freikaufen, den muss ich enttäuschen. Der gewohnte Ablasshandel funktioniert nicht wirklich – Liebe über die Güte des Holzes auszudrücken, aus dem der Sarg gearbeitet ist, alle Wertschätzung in den Aufwand der Zeremonie zu legen, großes Kino zuletzt. Das ist alles nur geliehener Kram. Liebe ist einfach. Das ist der Moment, in dem man sich auf den Boden setzt, den Lieblingssong des Verstorbenen summt und spürt: Ich bin da.

Sommergemüse aus dem Ofen

Für 1 Blech

je 1 rote, gelbe und grüne
Gemüsepaprika
1 rote oder grüne Peperoni
1 Zucchini
1 junge weiße oder rote Zwiebel
nach Gusto eine frische Knoblauchknolle
frischer Rosmarin, Majoran oder
3-4 Stängel Petersilie
2 Esslöffel Olivenöl
Fleur de Sel*

Paprika von Stielen, Rippen und Kernen befreien und in breite Streifen schneiden, Zucchini in Scheiben und die Zwiebel nach »französischer Art«. Das geht so: Die geschälte Zwiebel halbieren, beide Enden so kürzen, dass sich die Zwiebel in Inneres und Äußeres teilen lässt und diese Teile in gleichmäßige Spalten schneiden. Die frische Knoblauchknolle ungeschält quer halbieren – sie wird (üblicherweise) nicht gegessen, sondern dient für Duft und Optik. Das Gemüse auf einem Backblech verteilen, ein bis zwei Zweige Rosmarin oder Majoran und/oder ganze Petersilienstängel darüber legen. Mit Olivenöl beträufeln, mit Salz bestreuen und im Ofen bei 180 °C etwa 30-40 Minuten schmelzig weich werden lassen. Wer das Glück hat, in einem sehr guten Käsegeschäft Fromage Blanc zu bekommen (ein fluffiger französischer Quark), isst den dazu. Ansonsten ist sich das Gemüse aber auch selbst genug.

Lass es Montag werden

Rezepte gegen den langen Sonntag

Studien zufolge sind auch unbeschädigte Menschen an Sonntagen vom Blues bedroht – das Nichtstun sei das größte Problem, sagen die Psychologen. Genau. Der Sonntag ist voller Löcher. Also setze ich mich lieber gar nicht erst hin auf meinem dünnen Eis. Meine Muße ist es geworden, mir sonntags unnötige Arbeit zu machen und davon möglichst viel. Eine ganze Stunde kann es etwa in Anspruch nehmen, eine überschaubare Menge von Rosenkohlröschen sorgfältig in ihre einzelnen Blätter aufzuteilen, Haselnüsse ohne Eile im Ofen zu rösten, abgekühlt mit den Fingerspitzen penibel von ihren Häutchen freizurubbeln und sie dann von Hand in feine Scheibchen zu spalten. Und wofür das alles?
Für mich!

Haben Sie nicht auch ein Rezept für mich David?

Das Rezept wird Ihnen nicht gefallen: Es wird nichts besser dadurch, dass ich wegrenne. So unangenehm es sein mag, ich muss mich beschäftigen mit dem, was weh tut – das ist nicht zu ändern. Viele Leute glauben, dass es gut ist, wenn die unbequemen Dinge schnell vorbei sind und wir zügig wieder zum gewohnten Dienstplan übergehen können – da vertun wir uns ganz gewaltig. Es führt kein Weg um unser Trümmerfeld herum. Dann wird es aber auch wieder Sonntag, schöner und einfacher, und wir können die Chance einer neu gewonnenen Freiheit sehen. Die spannende Frage ist dann: Was stelle ich damit an?

Rosenkohl de luxe

Für 1-2 Portionen

300 bis 500 g Rosenkohl*
1 Handvoll Haselnüsse
1 Esslöffel Zitronen- oder Orangensaft
Chiliflocken* mild
Salz
2 Esslöffel frisch gehobelter Parmesan oder reifer Bergkäse
1-2 Esslöffel Olivenöl

Rosenkohlröschen in einzelne Blätter teilen. Haselnüsse im Ofen bei 180 °C zehn Minuten rösten, abkühlen lassen, die Häutchen abrubbeln und die Nüsse in möglichst feine Scheiben schneiden. Olivenöl in einer Pfanne erhitzen, Rosenkohlblätter unter Rühren auf mittlerer Hitze braten, bis sie eine angenehme Konsistenz haben, mit Zitronen- oder Orangensaft (nach Geschmack) angießen und schließlich mit Salz und milden Chiliflocken würzen und mit Käsespänen bedeckt auf den Teller bringen.

In Deutschland ist das nachfolgende Rezept ein September-Rezept, wenn die Gärtner die Tomaten anbieten, die zu Ende des Sommers nicht mehr reif werden. Die Marmelade ist empfehlenswert, weil sie mindestens drei Stunden des Sonntags verschlingt und Sie dabei auch gleich noch ausgezeichnete Geschenke erzeugen.

Marmelade von grünen Tomaten

Für 6 Gläser à etwa 250 g

2 kg absolut grüne Tomaten*
900 g Rohrohrzucker oder brauner Zucker
1 Bio-Zitrone
4 Esslöffel Honig
ca. ⅛ Liter Wasser
1 Prise Salz

Die Tomaten quer halbieren, vom Fruchtansatz befreien, sehr gründlich mit einem kleinen Löffel entkernen und das Fruchtfleisch in etwa einen halben Zentimeter dicke Scheiben schneiden. Von der Zitrone die Schale ohne das Weiße abschälen und sehr fein schneiden oder die Schale mit einem Zestenreißer in dünnen Spänen abziehen. Das Fruchtfleisch längs vierteln und dann quer in Scheiben schneiden, Kerne entfernen. Tomaten und Zitrone mit dem Wasser in einen sehr großen Topf geben, Zucker, Honig und eine Prise Salz dazu und die Marmelade offen etwa zwei Stunden auf kleiner Flamme köcheln, dabei hin und wieder umrühren. Wenn sich schließlich an der Oberfläche eine Menge Zuckerblasen bilden, ist das ein Anzeichen dafür, dass die Konsistenz richtig ist. Dann machen Sie eine Gelierprobe mit einem Teelöffel grüner Tomaten auf einem gekühlten Teller. Wenn sich nach kurzer Zeit eine Haut bildet, ist die Marmelade fertig zum Abfüllen in sterilisierte Gläser (15 Minuten im Ofen bei 180 °C).

Sablés

Für etwa 40 Stück

175 g Mehl
75 g Mandeln, nicht zu fein gemahlen
175 g Butter
50 g Puderzucker
1 Esslöffel Kirschwasser, Grand Marnier oder auch Orangenblütenwasser
1 Esslöffel Vanillezucker* (echter!)
1 Teelöffel Backpulver
1 Teelöffel Fleur de Sel*

Dieses unvergleichliche Gebäck (weil es so süß wie salzig ist) macht eigentlich gar nicht so viel Arbeit, absorbiert aber eine Menge von der lästigen Zeit, weil der Buttermandelteig im Kühlschrank lagern muss, bevor er sich verarbeiten lässt. Sablés sage ich, weil meine Schwägerin in Frankreich mich darauf gebracht hat, bei Gebäck einen Teil des Mehls durch Mandeln zu ersetzen. Sablés sind ein Tribut an den Sonntagnachmittagskaffee, können aber auch zu einem Glas Wein gereicht werden.

Alle Zutaten schnell zu einem gleichmäßigen, glatten Teig verkneten, zu zwei Rollen mit etwa fünf Zentimeter Durchmesser formen und gut eine Stunde im Kühlschrank ruhen lassen, bis der Teig schnittfest ist. In etwa drei Millimeter dicke Scheiben schneiden und auf Backpapier bei 175 °C zehn bis 15 Minuten backen – dabei sollen die Sablés nur minimal Farbe annehmen.

Kokoscreme für andere Tage

Nur eine gewöhnliche Dose ungesüßte Kokosmilch, eine kleine Kasserolle und ein bisschen Hingabe. Das ergibt eine nicht alltägliche, doch nicht zu exotische Universalbeilage, die ich im Schraubglas (nur mit einem sauberen Löffel hinein!) ein bis zwei Wochen lang im Kühlschrank bereithalten kann, um damit Gemüse und Früchte, Huhn, Schweine- oder Lammfleisch, Hummerkrabben und sogar Forelle oder Thunfisch zu stimulieren.

Einfacher geht es nicht: Kokosmilch mit einer Prise Fleur de Sel und Saft einer halben Orange bei kleinster Hitze und beständigem Rühren sehr langsam dick einkochen und in einem Eiswasserbad kalt rühren, damit die Konsistenz cremig und die Farbe blütenweiß bleiben.

Das dauert nicht sehr lange und macht Freude, weil die Kokoscreme einen seidigen Glanz annimmt – falls Sie ein Stück frische Ananas zur Hand haben sollten, ist das eine Gelegenheit zum Eintunken und Naschen.

Fühlen Sie sich gerne aufgefordert, mit weiteren Zutaten zu experimentieren – es passen auch Spuren von Kardamom, eine Winzigkeit Muskatnuss, etwas Vanille und natürlich – wie so oft – Zimt!

Hallo, ich bin es!

Chili weckt das Leben

Chili hilft. Ich möchte wieder etwas spüren. Nie, niemals habe ich mich in die Sonne gelegt. Diesen Sommer tue ich es, wann immer möglich, mittags, und so lange, bis kleine Messer in die Haut stechen. Ich kann vage erfassen, warum Menschen sich selbst verletzen. Auf die Dauer ist Chili bekömmlicher. Wissen Sie, dass es Therapien gibt, die Chilischoten gegen psychische Störungen einsetzen? Capsaicin ist der aktive Scharfstoff, der die Forschung auf zahlreichen Gebieten neugierig macht. Er reizt die Nervenenden, die ein Schmerzsignal an das Gehirn senden, das dann mit entspannenden Hormonen antwortet. Zugegeben eine stark vereinfachte Erklärung – aber ich finde, man muss nicht alles verstehen. Können Sie verstehen, David, was da in mir vorgeht?

Man muss nicht alles verstehen, das sagen Sie ja selbst. Auch wenn uns das mit unserem Bedürfnis nach Kontrolle über alles und jeden immer schwerer fällt: Wir sollten Emotionen zulassen können, ohne sie ständig zu hinterfragen und auf Sinngehalt abzuklopfen. Wie soll man auch Gefühle bewerten? Was soll richtig oder falsch sein, und wer in aller Welt entscheidet das? Ich sage: Tun Sie, was Ihnen hilft. In unserer Trauerakademie geben wir den Menschen genau dafür Raum und Zeit. Trauer ist Liebe. Und in der Liebe lassen wir uns ja auch nichts vorschreiben.

Scharfes Hühnchen

1 Stubenküken*
1 Bio-Zitrone oder ½ Bio-Orange
1 rote und 1 grüne Chilischote*
Meersalz
1 kleines Stück Zimtstange*
½ Esslöffel weiche Butter
1 Teelöffel Orangenmarmelade*
1 Esslöffel Olivenöl

Ein Stubenküken ist die ideale Gesellschaft für Einsame. Ein ganzes Hühnchen zu braten, ist unvergleichlich gemütlicher als Teile, mit maximal 500 Gramm passt es gerade für ein oder zwei Personen. Ich wasche und trockne das Hühnchen und reibe es innen und außen mit meinem selbstfabrizierten Chilisalz ein: Ich habe eine rote und eine grüne

Chilischote halbiert, entkernt, in feine Streifen geschnitten und mit zwei Teelöffel Meersalz im Mörser fein zerrieben. In die Bauchhöhle des gewürzten Hühnchens schiebe ich die Orange in Vierteln oder die Zitrone, die zuvor mit einer Stopfnadel einige Male angestochen wird, dazu das Stück von der Zimtstange. Die Öffnung mit einem Zahnstocher verschließen und das Stubenküken mit der Brust nach oben in einen Schmortopf auf einen Esslöffel Olivenöl setzen. Bei 180 °C offen 30 Minuten braten, dann einmal vorsichtig wenden und nach weiteren 30 Minuten wieder auf den Rücken drehen. Die Brust mit der Butter und der Orangenmarmelade bestreichen und den Ofen für die letzten zehn Minuten auf 225 °C Oberhitze umstellen. Jetzt ist das Hühnchen knusprig und so gar, dass es vom Knochen fällt. Genauso muss es sein! Dazu passt ein Joghurt mit etwas frischem Orangensaft und eine Handvoll frischer ungezuckerter Datteln*, beides lindert bei Bedarf die Schärfe.

Tipp

Frische Chilischoten kann man im Tiefkühlschrank vorrätig halten, in einer Minute sind sie aufgetaut und bereit zur Verwendung. Ich persönlich finde die frischen Chilis lustvoller und leichter zu dosieren als Chili-Pulver: halbieren, entkernen, fein schneiden und die Hände sehr ordentlich waschen, bevor man sich an Nase oder Augen fasst.

Gefrorene Trauben mit schwarzer Schokolade

Ich nenne es Nachessen. Weil ich nicht Nachtisch, Nachspeise, Dessert meine, sondern den Moment, in dem ich eine Schneeflocke auf der Zunge gefangen habe. Dunkle Schokolade* mit eisigen Trauben ist die geniale Fortsetzung des Chili-Hühnchens – selbst abgeklärte Gourmets rollen vor absoluter Begeisterung die Augen.

Süße, kernlose, am besten roséfarbene oder hellrote Trauben für zwei bis drei Stunden ins Tiefkühlfach legen und zusammen mit sehr guter dunkler Schokolade anbieten.

Chili ohne Huhn

1 große Fenchelknolle
½ Chilischote*
Meersalz
2 Esslöffel Zitronensaft
2 Esslöffel Olivenöl
1 Teelöffel Orangenmarmelade*

Chili muss. Fleisch muss nicht. Eine Fenchelknolle hat die perfekte Struktur für einen Gemüsebraten. Sie kann fast eine Dreiviertelstunde im Ofen bleiben und saugt die Schärfe dabei schön in ihre melancholische Süße auf.

Wieder fertige ich Chilisalz aus einem halben Esslöffel Meersalz und der entkernten, fein geschnittenen Chilischote im Mörser an – wer keinen hat, kann Chili auch mit einem breiten Messer auf einem Schneidebrett im Salz zerrreiben. Die trockenen Stielenden und den Wurzelansatz vom Fenchel abschneiden, die Knolle längs halbieren, den Strunk kegelförmig herausschneiden und die Hälften noch einmal halbieren. Aus Zitronensaft, Olivenöl und Orangenmarmelade rühre ich eine Marinade, Chilisalz nach Mut hinein. Die Fenchelstücke nun mindestens eine Stunde ziehen lassen. Dann nehme ich sie aus ihrem Bad und lege sie in eine flache ofenfeste Form. Bei 180-200 °C in etwa 40 Minuten golden schmoren. Wie beim Chilihühnchen passt auch hier Joghurt mit Orangensaft und Datteln.

An einem heißen Sommertag habe ich festgestellt, dass ein Teelöffel Pastis in der Marinade dem Fenchel nicht schadet.

Danke, für mich keine Chips

Es soll etwas Besonderes sein

Ich verdiene jetzt etwas Besseres. Ich denke mir, dass ich den elenden Alltag erleuchten möchte, indem ich beim Einkauf des Spülmittels wählerisch bin. Das ist jetzt kein Witz, und es ist auch keine schlechte Sache, sorgsam zu sein. Ich hatte mir bis jetzt nur wenig Gedanken über Rieselhilfen im Salz gemacht und Zucker war mir Zucker ohne Unterschied zwischen Rübe und Rohr. Ökospülmittel mit Kamille und Molke hielt ich für einen dekadenten Luxus. Nun habe ich mir Wertschätzung für mich erkämpft. An manchen Tagen trage ich sie wie High Heels im Supermarkt, stolzes Einkaufen. Das ist ziemlich eitel, tut aber auch gut. Apropos: Was mir guttut, ist nicht unbedingt vernünftig und gesund nach den Regularien der Deutschen Gesellschaft für Ernährung. Ich backe mir Naschzeug aus Blätterteig und Speck. Sie sollten mich mal zur Ordnung rufen, David, ich propagiere hier ungesunde Ernährung.

Ich denke gar nicht daran, diese Teilchen sind lecker. Wir leben ja ziemlich vernunftgesteuert, gesund und fit zu sein, tragen wir wie eine Monstranz vor uns her und fühlen uns verraten, wenn dieser Aufwand dann nicht belohnt wird. Alles richtig gemacht, und jetzt das. Dann belohnen wir uns auf der anderen Seite auch wieder mit blöden Dingen fürs ganze Funktionieren, da sammeln sich eine Menge Belanglosigkeiten an. Ist es nicht lohnender, etwas zu riechen, zu schmecken, zu genießen und es dann vergehen zu lassen? Auf der Zunge zerlaufen, wie das Aroma von schönem Speck …

Blätterteigspeckschnecken

Ich mache den Blätterteig nicht selber, weil die Lust auf diese fetten kleinen Röllchen schneller kommt, als man die fünf Touren (die Arbeitsschritte, in denen die Butter in den Teig eingebracht wird) absolvieren kann.

Für etwa 40 Stück

1 Packung frischer Blätterteig
aus der Kühlung
100 g Südtiroler Speck oder
roher Schinken mit Fettanteil
schwarzer Pfeffer aus der Mühle

Blätterteig dicht mit Speck belegen, ein wenig Pfeffer darüber mahlen und der Länge nach eng aufrollen. Wenn möglich, im Kühlschrank ein halbes Stündchen lagern und dann mit einem scharfen Messer in drei bis fünf Millimeter dicke Scheibchen schneiden. Auf Backpapier bei 220 °C Umluft 15-20 Minuten goldbraun backen und am besten noch lauwarm verputzen.

Ohne Speck

Anstelle von Speck kann man den Blätterteig auch mit gewürztem Frischkäse bestreichen und statt Pfeffer frisch geriebenen Käse darüberstreuen.

Dann eben ich

Wieder einmal Freunde einladen

Ich bin zu oft beleidigt. Ziehe dann einen Sack über den Kopf, um es mir so dunkel wie möglich zu machen. Ich versuche, diese Anfälle zu verheimlichen. Wenn ich wieder bei Trost bin, ist mir klar, dass Freunde keine Krücken sind. Gehe also in dein Zimmer und schreibe 100 Mal: Ich lebe jetzt alleine! Dann heuchle ich, unkompliziert zu sein, und lade Freunde zu einem spontanen Beisammensein ein. Schlau ist es, die Einladung mit etwas Besonderem zu verzieren: »Ich habe gerade mal eine Geflügelleber-Terrine gemacht, habt ihr Lust?« Das Risiko, dass keiner Zeit hat, liegt bei 50 Prozent – umso schöner, wenn es klappt (und notfalls hält sich die Paté im Kühlschrank einige Tage).

Was werden meine Freunde sagen, David, wenn sie das lesen?

Freunde sollten das aushalten können. Sie müssen nämlich durchaus Krücken sein, jawohl, Gehhilfen. Der Tod ist eine Amputation, da gibt es keine Ratschläge, die Zeit heilt keine Wunden, wer trauert, muss sich aufstützen können. Das ist schwierig für alle. Trauer macht dünnhäutig, die Wahrnehmung intensiviert sich über die Realität hinaus. Trauernde sind manchmal schwer zu ertragen. Es ist eine wertvolle Geste, trotzdem Hilfe anzubieten und sich nicht zurückzuziehen, auch wenn die Hand immer wieder ausgeschlagen wird. Auf der anderen Seite sollten Trauernde zu verstehen geben, was sie brauchen – schwierig genug auf einem Bein.

Gewürzte Nüsse

Für 1 Backblech

150 g Cashewkerne
150 g Mandeln blanchiert und abgezogen
je eine kleine Handvoll Pinienkerne, Pistazien, Kürbiskerne, Pekannüsse
1 Eiweiß
Meersalz
½ Teelöffel milde Chiliflocken*
½ Teelöffel Korianderkörner*
½ Teelöffel Fenchelsamen*
¼ Teelöffel Kreuzkümmel
2 Kardamomkapseln

Ich nehme zu gleichen Teilen Cashewkerne und blanchierte Mandeln und dazu je eine kleine Handvoll Pinienkerne, Pistazien, Kürbiskerne und manchmal auch Pekannüsse. Die Mischung mit einem leicht geschlagenen Eiweiß verrühren und in einem Sieb abtropfen lassen. Einen guten Teelöffel Meersalz mit den Chiliflocken, Korianderkörnern, Fenchelsamen, Kreuzkümmel und den Samen aus den Kardamomkapseln im Mörser fein zerstoßen.

Nüsse auf einem mit Backpapier belegten Blech ausbreiten, Gewürze darüberstreuen und bei 180 °C im Backofen etwa 15 Minuten hellbraun rösten und vorsichtig auseinanderbrechen, wenn sie abgekühlt sind.

Kohlrabi-Carpaccio und Blätter

Für eine nette kleine Gesellschaft

2-3 Kohlrabi mit schönen Blättern
Fingersalz oder Fleur de Sel*
1 Zitrone
Olivenöl
Parmesan
glatte Petersilie

Damit versöhne ich die Freunde, die kein Fleisch essen oder sich kompliziert anstellen, wenn in einem Gericht (wie beim folgenden) Leber enthalten ist. Kohlrabiblätter von den Knollen trennen, Stiel und die dicke Blattader in der Mitte entfernen. Beiseite legen. Die Kohlrabiknollen schälen, in sehr feine Scheiben hobeln. Mit Zitronensaft und Salz mischen und eine gute Stunde ziehen lassen – das ist eine Art Garvorgang und macht auch Rohkostverächter gefügig. Kohlrabi in einem Sieb abtropfen, mit Olivenöl beträufeln, reichlich Parmesan darüberhobeln und ein paar Blätter Petersilie verstreuen.

Die Blätter auf ein mit Backpapier ausgelegtes Blech legen, mit Olivenöl beträufeln, mit wenig Salz bestreuen und bei 200 °C Umluft in drei bis fünf Minuten knusprig backen.

Unkomplizierte Geflügelleber-Terrine

Für eine Tischrunde von 6-8 Personen
(oder 3 kleine Gläser zum Verschenken)

300 g frische Hähnchenleber
1 Schalotte
6 Esslöffel Butter (ca. 150 g)
1 Gläschen Portwein (ca. 100 ml)

Für das Gelee
150 ml Portwein
1 Esslöffel Cognac
1 kleines Stück Zimt*
¾ von einem Blatt Gelatine

Hähnchenleber von Sehnen und Häutchen befreien, Schalotte in feine Würfel schneiden. In einem Esslöffel Butter erst die Schalotte glasig dünsten, die Hitze erhöhen, die Hähnchenleber dazulegen und etwa zwei Minuten braten; Die Leberchen sollen innen noch rosa sein. Portwein zugießen und etwas einkochen lassen, mit einem kleinen Teelöffel Salz und etwas Pfeffer aus der Mühle würzen.

Mit der restlichen Butter im Mixer fein pürieren – wer es über sich bringen kann, jetzt eine Messerspitze zu probieren, ist beim Salzgehalt auf der sicheren Seite.

Die Lebercreme in eine Terrineform, ein Schüsselchen oder in sterilisierte Schraubgläser (bei 180 °C 15 Minuten im Backofen) füllen.

Gelatine einweichen, Portwein mit Cognac (geht auch ohne) und Zimt aufkochen. Zimt herausnehmen, Gelatine einrühren und das Gelee unter gelegentlichem Rühren so weit abkühlen lassen, dass es ein wenig eindickt und dann vorsichtig auf die Paté gießen.

Nach einer Nacht im Kühlschrank servierfähig.

Tipp

Ich kaufe Hähnchenleber nicht im Supermarkt als Tiefkühlprodukt, sondern im Geflügel- und Wildgeschäft. Hier hängen der Natur nach an den sehr schönen strammen frischen Lebern noch die Herzen dran und wenn Frau Wagner fragt: »Dürfen die Herzerl dabei sein?«, kann ich nicht Nein sagen. Ich halbiere die Herzchen der Länge nach, wasche und trockne sie, schneide eine halbe Zwiebel, lasse einen guten Teelöffel Butter aufschäumen, brate Zwiebeln und Herzen gut zwei bis drei Minuten und finde zum Beispiel ein paar Radicchio-Blätter im Kühlschrank, die noch mit in die Pfanne kommen. Zuletzt mit Salz und Pfeffer würzen und aus dem Handgelenk etwas dunklen Balsamico darübergießen.

Abends ein schönes Bad

Entspannung mit Hühnersuppe

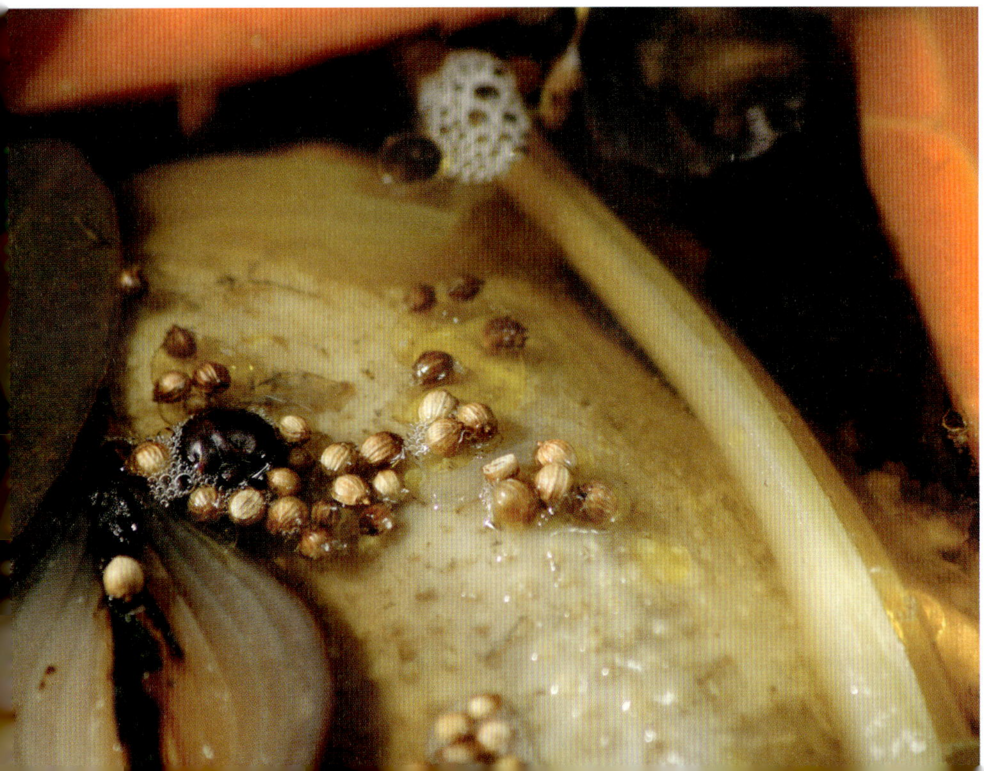

In unserem langen gemeinsamen Leben auf dem Land gehörte das Suppenhuhn zur Familie. Nicht in aller Konsequenz, denn ich bin eine feige Fleischesserin. Ich verabscheue es aber, dass Nahrungsmittel in Fabriken zu Würfeln gepresst werden. Alle vier Wochen wurde ein Suppenhuhn vom Wochenmarkt stundenlang auf dem Herd zu einer fetten goldenen Brühe geköchelt und erfüllte das Haus mit jenem beruhigenden Duft, der heute »Landlust« heißt. Die Brühe wurde in Gläser gefüllt und als Basis für die Küche im Kühlschrank bevorratet. Aus dem großen Haus ist ein kleines geworden, mein Suppenhuhn ist geblieben. Auch, weil es mir mehr als je zuvor vor viereckigem Essen graust. Das Suppenhuhn hingegen liegt wunderhübsch in seinem Bad und ist in meiner Nase jeder Duftkerze an Stimmung überlegen. Seien Sie mir nicht böse, David, ich muss jetzt an Witwe Bolte denken. Bin ich nicht ein bisschen komisch mit meinem Suppenhuhn?

Und wenn. Rituale sind gerade für Trauernde ganz besonders wichtig. Wir hatten mal viel mehr davon, wenn es ans Sterben ging. Wir haben unsere Toten zu Hause behalten, wir haben sie selbst gewaschen und angezogen. Heute sterben die Menschen im Krankenhaus, da muss alles effektiv ablaufen. Die Trauerfeier ist für viele eine Pflichtveranstaltung geworden, Psalm 23, und dann ist es gut. Die vorgebliche Individualität von Abschiedszeremonien erinnert mich an Burger King – »have it your way« – die Gurke weglassen, das ist dann persönlich, und das Beileid ist die Standard-Beilage des Fertiggerichts. Wie anders dagegen kann ein Abschied ausfallen, wenn man sich zuvor über einen einzigartigen Menschen unterhalten hat. Ich kann mich an einen Text erinnern, der teils aus Felix Salzens Buch »Bambi« und teils von Leonard Cohen stammte. Wenn wir Besonderheiten nicht mehr zulassen, nehmen wir uns viel.

Meine Freundin, die Hühnersuppe

Für etwa 2 Liter

1 Suppenhuhn
1 Karotte
1 Stück Knollensellerie
1 Stück Lauch (vom grünen Teil)
10 schwarze Pfefferkörner
3 Teelöffel Salz

Das Suppenhuhn innen und außen waschen, mit kaltem Wasser aufsetzen, einmal aufkochen und herausnehmen. Das Huhn noch einmal mit frischem Wasser aufsetzen, diesmal das Gemüse beilegen. Anfangs den aufsteigenden Schaum abschöpfen, dann die Pfefferkörner und das Salz zugeben und das Huhn bei kleinster Hitze etwa zwei Stunden mehr ziehen als kochen lassen – dann bleibt die Brühe bernsteinklar. Das wirkt sich zwar nicht auf den Geschmack aus, ist aber ein Triumph fürs Auge. Ich gieße die Suppe durch ein feines Sieb und fülle sie heiß in Schraubgläser. Fleisch und Gemüse werden nach Gusto verwendet, zum Beispiel mit einem leichten Dressing aus etwas Brühe, wenig Rapsöl, scharfem Senf, Apfelessig und – wenn vorhanden – reichlich Schnittlauch als Salat.

Rumtopf aus Trockenfrüchten

Für 2 Gläser

ca. 600 g gemischte Trockenfrüchte
wie Pflaumen ohne Stein,
Aprikosen, Sultaninen,
Cranberries
100 g Zucker
Saft und Schale einer Bio-Orange
2 Gewürznelken
½ Zimtstange*
100 ml Wasser
100 ml dunkler Rum

Wasser, Orangensaft und -schale, Zucker, Nelken und Zimt aufkochen, Früchte zugeben und gut zehn Minuten bei kleiner Hitze ziehen lassen, abkühlen und den Rum zugießen, gründlich umrühren und in sterilisierte, luftdicht verschließbare Gläser füllen.

Tipp

Mindestens drei Wochen sollte der Rumtopf ziehen dürfen, bis die Früchte sich schön mit allen Aromen vollgesogen haben. Danach passen sie nicht nur zu Desserts, sondern ganz wunderbar auch zu Käse.

Wieder klein sein

Zärtliche Speisen

Ich weiß noch, wie es ist, beschützt zu sein. Angelehnt, den Kopf in einer Achselhöhle geborgen. Augen zu. Köstlich war es, die Illusion zu genießen, dass einem nichts geschehen kann. Erst als erwachsene Frau war ich diesbezüglich ein begabtes Kind. Ich denke oft darüber nach, ob es noch einmal so sein wird. Einstweilen spiele ich in der Küche. Meine Kindergerichte sind nicht die lieben Speisen meiner Kindheit. Als Kind mochte ich Brausestangen, Schaumzucker mit Fettglasur und die bereits benannte Traumcreme aus der Packung mit dem Eselchen. Die heutigen Kindergerichte haben einen romantischen Geschmack, ich meine in dem Sinne: die Wirklichkeit idealisierend, Süße spielt natürlich eine Rolle, aber auch das Aussehen der Lebensmittel. Blumenkohl! Der Name sagt schon alles, was für ein wunderschönes Gemüse, und dann dieser milde Geschmack (den man mir einst durchs Überbacken mit Schinken und Käse ruinierte). Dann kommen hier natürlich Himmel und Erde ins Spiel. Geschmolzener Apfel, gestampfte Kartoffel, Kinderlieblinge, ohne es besser wissen zu wollen, habe ich sie den Rheinländern ein wenig entrissen auf meine Art.

Was mag es bedeuten, dass ein uraltes Kinderplaisir sogar Trend geworden ist – rohen Plätzchenteig zum Naschen gibt es schon als Fertigprodukt. Ich nehme lieber den Kartoffelstampf, David, und wenn wir Sauce hätten, würden wir auf dem Teller einen Hügel formen und kleine Bäche hinunterfließen lassen.

Oh ja, oder richtig fett Butter unter die Kartoffeln kneten. Wenn ich vor der Karte in einem Restaurant sitze und es mir nicht peinlich wäre, würde ich manchmal gern ein Kindergericht bestellen. Nudeln mit Soße. Da ist alles drin. Das ganze Urvertrauen. Völlig sorglos war man, selbst wenn heute etwas schlecht war, ist es morgen wieder gut.

Kinder sind sehr gute Trauerbegleiter. In einem Moment sind sie traurig und weinen, und im nächsten wollen sie spielen gehen oder ein Eis haben. Dieses Zulassenkönnen von jeder Art Gefühl haben sie uns voraus.

In den Hügeln der Gärten der Bestattung ist oft leises Kinderlachen zu hören, das dringt herüber von unserem Waldkindergarten, der am Rande des Friedhofs liegt. Die Kinder schauen oft vorbei und fragen nach den Gräbern, wir antworten, und dann geht es wieder zurück in den Wald zum Herumtollen. Es ist ein ganz natürliches Miteinander und es hat sich noch nie ein Trauernder über Kinderlärm bei uns beschwert. Im Gegenteil, die Kinder vermitteln Hoffnung, Trost und Lebensfreude. Die Kindheitstage sind für uns vorbei, aber es gibt Erinnerungen und Apfelkompott, für mich das Purgefühl von Kindheit und Gemeinschaft …

Blumenkohl-Crème brulée

Für 1-4 Personen
(Beilage oder Vorspeise)

1 kleiner Blumenkohl*
1 Schalotte
2 Esslöffel Butter
Schale und Saft einer halben Zitrone
Salz und Pfeffer
Muskatnuss
2 Eigelb
1 Esslöffel Sahne
1 Esslöffel brauner Zucker

Blumenkohl in einem möglichst kleinen Topf mit möglichst wenig Wasser und Salz sehr weich kochen, abgießen und abtropfen lassen. Schalotte sehr fein würfeln, in der Butter mit der geriebenen Zitronenschale kurz glasig dünsten. Blumenkohl und Schalotte im Mixer fein pürieren, mit Salz, schwarzem Pfeffer, etwas Muskatnuss und Zitronensaft abschmecken. Eigelb und Sahne untermixen und durch ein Sieb passieren. In flache kleine Förmchen füllen und mindestens eine Stunde im Kühlschrank deponieren. Dann mit dem brauen Zucker bestreuen und mit einem kleinen Flambier-Brenner oder dicht unter dem Grill karamellisieren*. Das schmeckt zu Entenbrust, geschmorten Ochsenbacken, kleinen Lammsteaks oder einfach so.

Himmel und Erde auf meine Art*

Für 1-2 Personen

2 mehlige Kartoffeln
1-2 säuerliche knackige Äpfel wie z. B. Elstar
2 Esslöffel Butter
3 Esslöffel Sonnenblumenöl oder ein anderes neutrales Pflanzenöl
Salz, Fleur de Sel* und Pfeffer
Apfelkompott

Ich mag Kartoffeln nur in der Schale gekocht, aber es schadet sicher auch nicht, sie geschält in Salzwasser sehr weich zu garen. In der Zwischenzeit die Äpfel schälen, entkernen und Viertel oder Achtel, je nach Größe, in sehr heißem Öl quasi frittieren und zum Abtropfen auf Küchenpapier legen. Die gekochten (geschälten) Kartoffeln heiß mit der Butter stampfen, zusammen mit den Äpfeln anrichten, mit Fleur de Sel bestreuen und ein wenig schwarzen Pfeffer frisch darübermahlen. Als dritte Komponente mag ich dazu kaltes Apfelkompott aus meiner Produktion. Lieblingssorte: mit karamellisiertem* Zucker, fein gehacktem Rosmarin, Orangen- und Zitronenschale und einer Prise Salz.

Nachtrag

David war nicht damit einverstanden, dass ich das Apfelkompott links liegen lasse. Um ehrlich zu sein, weiß ich nicht mehr genau, wie ich es zubereitet habe – das ist meist so bei meinem spontan Eingemachten, allerdings notiere ich fast immer die Zutaten auf dem Etikett und versuche nun zu rekapitulieren: Äpfel schälen, entkernen und in beliebige Stücke schneiden. Am liebsten braunen Zucker oder auch Rohrohrzucker im Topf bei milder Hitze schmelzen, die Apfelstücke zugeben, dazu den ganz, ganz fein gehackten Rosmarin (nur wenn frisch vorhanden, sonst gehts auch ohne) und Orangen- und Zitronenschale in dünnen Streifen – ich schätze, dass ich auf vier Äpfel je eine halbe Orange und Zitrone dazu verwendet habe.

Unter Rühren löst sich nun der Zucker, eine gute Prise Fleur de Sel (oder normales Speisesalz) bringt Temperament ins Kompott und wenn es weich, aber nicht ganz zerfallen ist, wird es in sterilisierte Gläser gefüllt.

Wo bleibt denn die Schokolade?

Übungen mit der Lust

Natürlich Schokolade. Auch wenn ihre landläufig gepriesene Wirkung gegen Kummer weit überschätzt wird. Wenn es so einfach wäre mit den Glückshormonen. Ernüchternd ist die Mitteilung, dass Fett und Zucker den Zauber machen, viel Energie für den Körper. Überleben ist angesagt. Das macht unsere alten Gene der Jäger und Sammler auch heute noch froh. Da ist aber noch etwas, das den Genuss erhöht: in schmelzender dunkler Schokolade zu rühren! Allein für diesen Anblick habe ich Schokoladenkuchen rauf wie runter gebacken, Mousse au Chocolat war unser Hausdessert. Ich habe mir zwei kleine Optionen erarbeitet, diese Lust wieder zu genießen.

Da fällt mir ein, dass ich nicht nur trauriger Restmensch bin, sondern auch Oma. Ich sollte mal über mich hinausdenken, David. Was geschieht mit den Kindern, die zurückbleiben? Was ist unsere Aufgabe dabei?

Wir empfehlen, Kinder in Trauerzeiten gerade in ihren Empfindungen sehr ernst zu nehmen und sie einzubinden in unseren eigenen Trauerprozess. Sie nehmen teil an der Trauer, können aber im nächsten Moment ausgelassen spielen. Von Kindern können wir diese Leichtigkeit lernen. Kinder sind eigentlich die perfekten Trauerbegleiter, so erfrischend, ernüchternd und entwaffnend. Sie lassen Tränen fließen, sie sind trotzig, chaotisch und urgewaltig präsent. Kindsein ist gut.

Nur eine große Praline

Für 1 Glas

100 ml Sahne
100 ml Milch
50 g Zartbitterschokolade* 70 %
1 Teelöffel Vanillezucker*
1 Blatt Gelatine
nach Belieben 1 Teelöffel Cointreau oder
½ Teelöffel Orangenschale

Die Schokolade mit Sahne, Milch und Zucker bei kleinster Hitze schmelzen. Gelatine in kaltem Wasser einweichen, gut ausdrücken und unter die noch warme Schokolade rühren, Cointreau, Orangenschale oder auch gar nichts zugeben, in ein Glas füllen und mindestens eine Stunde im Kühlschrank fest werden lassen. Sie sind nun aufgefordert zu Varianten mit Rosinen, Zimt*, Kardamom, Arabischem Kaffeegewürz, angerösteten Kokosflocken, Mandelsplittern oder auch einer großen Prise Fleur de Sel*.

Tipp

Wichtig: nicht an der Schokolade sparen! Ganz abgesehen von der moralischen Last, die viele günstige Schokoladen tragen, gibt es gutes Aroma nur, wenn auf der Zutatenliste weder Vanillin, noch Butterreinfett, Gerstenmalzextrakt oder Lecithin stehen.

Eis aus dem Mixer

Für 1 Glas

250 ml halb Sahne halb Milch
1 Teelöffel Vanillezucker
½ Stange Zimt*
50 g dunkle Schokolade 70 %*
1 weiterer Esslöffel Sahne

Sahne und Milch mit Zucker und Zimt einmal aufkochen und zugedeckt 20 Minuten ziehen lassen. Zimt herausnehmen, und die Sahne / Milch in einen Eiswürfelbehälter füllen und gefrieren lassen – das dürfte nach einer guten Stunde soweit sein.

Dann die Schokolade auf kleinster Flamme in dem Esslöffel Sahne schmelzen, abkühlen lassen und zusammen mit den Sahne- / Milch-Eiswürfeln in den Mixer geben.

Das Ergebnis erinnert an einen gefrorenen Shake, zum Verbessern fülle ich das Eis in ein Glas und stelle es noch einmal 30 Minuten in den Froster – dann ist es außen ganz gefroren, innen halb flüssig und insgesamt betörend.

Ich will wieder lächeln

Die Tricks mit den Farben

Entschuldigung, das ist jetzt sehr vereinfacht: Ich sehe Lächeln und lächle selbst. Die Sache mit den Spiegelneuronen des Gehirns beschäftigt die Wissenschaft seit Jahrzehnten, für ein Avocado-Brot ist Resonanz aus dem Gehirn zweifelsohne zu weit hergeholt.

Ich wollte wissen, ob ich mir wirklich nur einbilde, dass die grüne Frucht mich froher anschaut als Butter auf dem Brot. Ich habe mich also umgesehen und habe bei der Zeitschrift »Epoch Times« ein Interview mit einem chinesischen Internisten gefunden. Die traditionelle chinesische Medizin wird längst auch in der westlichen Welt ernst genommen, eng geht sie mit der Ernährung zusammen. Doktor Ming Zhou erläutert, dass Farben mit den Organen und den Elementen verbunden seien und somit im Dienst des inneren Einklangs stehen. Ich zitiere: »Grün ist die Farbe des Lebens und beeinflusst die Leber. Sie ist ein fundamentales Bindeglied in der Nahrungskette, und grüne Lebensmittel sind die Nahrungsquelle für Menschen und Tiere. Beispiele für grüne Lebensmittel sind Avocados, Spinat, grüne Trauben und Brokkoli. Gelbe Lebensmittel beeinflussen den Magen. Beispiele für gelbe Lebensmittel sind Getreide, gelber Pfeffer, Melonen und Ananas. Rot beeinflusst das Herz. Wenn man mehr rot gefärbte Lebensmittel isst, kann man sein Immunsystem stärken und Erkältungen vermeiden. Beispiele für rote Lebensmittel sind rote Äpfel, Erdbeeren, Tomaten und Rote Bete. Weiße Lebensmittel geben den Menschen ein sauberes Gefühl und reinigen die Lungen. Sie sind gut beim Justieren des Sehvermögens und dem Beruhigen der Emotionen ...« (Corinna Shen und Shermian Lim, Epoch Times 27. Juli 2015) Kann das stimmen? Die Wirkungsweise dieser Ernährung wird wohl beobachtet, seit der »Gelbe Kaiser« die Grundlagen hierfür vor 3.000 Jahren niederschrieb. Am Ende des Artikels finde ich den chinesischen Restaurantbesitzer Edward Shen in Rockville, Maryland: »Sei ruhig ein wenig mutig bei der Zubereitung deiner

Speisen! Nur wenn du eine vielfarbige Ernährungsweise hast, kannst du den vollen Nutzen aus deiner Nahrung erhalten.«

Ist es nicht wunderbar, David, wenn ich heute von mehrtausendjährigen Erkenntnissen zu profitieren scheine?

Und wie. Das meiste, was wir über unsere Vergangenheit wissen, stammt übrigens aus Gräbern. Die Informationen über unsere Ahnen haben wir denen zu verdanken, die ihnen mit Liebe die Dinge in den Tod mitgegeben haben, die ihr Leben bewegten. Dahin sollten wir zurück. Ich kann einer 90-jährigen Dame nicht sagen, dass sie den Sarg ihres Mannes bemalen soll. Aber es gibt andere Sachen, die Bedeutung haben und die sie zulassen kann – wie das Lieblingsgericht ein letztes Mal zu kochen oder einen Abschiedsbrief zu schreiben und in den Sarg zu legen. Es kann eine Zeit dauern, die Dinge von Bedeutung zu finden. Wir haben meinen Vater 12 Tage bei uns im Haus behalten, bis wir wussten, was es auszudrücken gibt. Es ist wie bei der Vorbereitung eines Festes – jeder bringt seine Vorstellung ein, wie es werden soll, unendlich schade, wenn man die Bestattung delegiert. Wir konnten das Wichtige für uns finden und uns dann freuen, statt den Tag zu fürchten, wie es vielen geht. Lächeln gehört dazu. Die Mutter von Fritz Roth hatte nie einen Tropfen Alkohol angerührt und dennoch, quasi als geschützte Herkunftsbezeichnung, ein Fläschchen Kölsch mitbekommen in ihren Sarg. Das ist unsere größte Aufgabe, die schönen Erinnerungen zu versammeln.

Avocadobrot

Eine weiche Avocado halbieren und das Fruchtfleisch mit einem Teelöffel Zitronensaft, Fleur de Sel* nach Geschmack und etwas Chili* zerdrücken. Ich mache das lieber mit der Gabel als mit dem Mixer, weil ich die ungleichmäßige Konsistenz auf der Zunge spaßiger finde. Für Edward Shen aus Rockville, Maryland, würde ich noch eine Tomate halbieren, entkernen und das Fruchtfleisch in dünnen Streifen auflegen. Mit schmeckt die Avocado pur genauso gut, auf geröstetem Weißbrot oder noch besser auf dunklem Nussbrot.

Rote Bete mit Mango

Für 1-2 Personen

1 Rote Bete*
1 Esslöffel Himbeeressig
1 Nelke
8 Pfefferkörner
3 Wacholderbeeren
1 kleines Stück Zimt*
1 Stück Zitronenschale
1 Teelöffel Zucker
Salz
½ reife Mango

Rote Bete mit Wasser bedecken, Himbeeressig und Gewürze zugeben und in etwa 30 Minuten garen, bis sie sich mit der Gabel einstechen lässt, aber noch ein wenig Druck entgegensetzt.

Noch warm (mit Küchenhandschuhen) pellen und nach Belieben in Spalten, Scheiben oder Würfel schneiden.

Mango vom Kern schneiden, cremig pürieren und mit den Roten Beten als Bild anrichten.

Die dunkelrote Zuchtform der gemeinen Rübe hat lange Zeit ihre reizvollen Schwestern verdrängt. Nun sind sie wieder auf den Märkten zu sehen, die rosaroten und gelben Varianten, die runden Rüben in Orange, Pink, Champagnerweiß oder bezaubernd zweifarbig geringelt mit dem schönen Namen »Tondo di Chioggia«.

Rosa Radieschen & grünes Pesto

1 Bund Radieschen
100 ml Himbeeressig
½ Stange Zitronengras
1-2 Teelöffel Salz
Olivenöl
eine kleine Handvoll Pinienkerne
einige Tropfen Zitronensaft

Eingelegt nehmen die Radieschen eine nahezu poetische Farbe an, aus den Blättern wird ein Pesto, das grüner als jedes andere ist.

Radieschen waschen und vom Grün trennen. Einen halben Liter Wasser mit Essig und Zitronengras aufkochen, vorsichtig Salz zugeben – probieren! Radieschen in ein Schraubglas füllen, mit heißem Sud samt Zitronengras übergießen, verschließen und ziehen lassen, am besten über Nacht.

Blätter klein schneiden und mit Olivenöl und Pinienkernen pürieren, bis eine schöne Creme entstanden ist, mit etwas Zitronensaft und Salz abschmecken.

Eine schnellere Variante eignet sich auch für Exemplare, die nicht mehr ganz knackig sind: Grünansatz und Schwänzchen entfernen, Radieschen halbieren oder vierteln. In einer Pfanne mit wenig Rapsöl anschwitzen, salzen, mit Zitronensaft ablöschen, kurz dünsten, mit einer Messerspitze Vanillepulver bestreuen und nochmals durchschwenken.

Liebe im Winter

Kochen, was das Herz begehrt

Ich kann tun, was ich will. Frei wie ein Loch im Eis. Für ein älteres einsames Mädchen ist es zumindest skurril, Tomatenketchup selbst zu machen, wenn nicht geradezu unsinnig. Noch dazu ist es gerade Winter, in dessen Mitte Albert Camus in sich einen unbesiegbaren Sommer entdeckt haben will. Ich glaube ihm nicht, aber das ist eine andere Geschichte. Egal, dass Tomaten jetzt aus Glashäusern kommen: Ich will Ketchup machen. Habe plötzlich diese Süße juchzender Tage mit Junkfood und Übermut auf der Zunge. Es wird ein Abend mit den Rolling Stones.

Ich sollte mal langsam vernünftig werden, nicht wahr, David?

Bleiben wir bei den Stones: »You can't always get what you want / But if you try sometimes well you just might find / You get what you need«, geben Sie sich mal Mühe! Ich wiederhole auch hier: Trauer ist Liebe. Und die mag es nicht lau. Denken Sie mal an all die verrückten Sachen, die man gemacht hat. Unsinnig, haben die anderen gesagt, komplett unvernünftig, aber das konnte uns nicht abhalten. Liebe hat uns damals selbstbestimmt handeln lassen, das kann jetzt ein Leitfaden sein. Manchmal wird es wichtig, andere einfach in den Arm zu nehmen. Ich muss vielleicht erklären, warum mir welche Dinge etwas bedeuten. Ich muss sagen, warum ich sie/ihn liebte und zeigen, was vom Verliebtsein des Anfangs über die Strecke des Zusammenseins geblieben ist. Das alles macht auch den Herzschlag einer Trauerfeier aus, die kein bloßer Event ist, sondern eine Bedeutung hat. Es ist eine Frage der Muße, sich vorzubereiten, um meiner Liebe eine Freude wie an einem Geburtstag zu machen.

Tomatenketchup

Für knapp ½ Liter

1 kg Fleischtomaten
1 rote Gemüsepaprika
oder 3 Spitzpaprika
1-2 Peperoni
1 Zimtstange*, halbiert
½ rote Zwiebel
5 Pimentkörner
½ Sternanis*
Schale von ¼ Orange
150 g brauner Zucker
1 Teelöffel Speisestärke
Salz

Tomaten quer halbieren, Paprika und Peperoni halbieren bzw. vierteln, von den Rippen befreien und entkernen, Zwiebel in Ringe schneiden. Alles auf einem mit Backpapier belegten Blech ausbreiten, die Gewürze dazwischenlegen und bei 150-160 °C in den Ofen schieben.
Nach zwei Stunden braunen Zucker darüberstreuen, eine weitere Stunde im Ofen lassen und den intensiven Duft genießen.
Etwas abgekühlt durch ein Sieb streichen, aufkochen und Speisestärke einrühren, mit Salz abschmecken und abfüllen.

Komm, sag mir, was du für Sorgen hast

Fürsorgliche Klassiker

Im Garten meines guten Lebens gab es keinen Sommer ohne Kürbispflanzen. Die schwellenden Früchte zu beobachten, verursachte mir große Zufriedenheit – so etwa, wie gut gerüstet einem harten Winter entgegenzusehen. Kürbis ist fürsorglich, mit reichem Herz und breiten Hüften. Und dieses Orange! Ewig schade, die optimistischste aller Früchte immer nur zu Suppe zu kochen. Frei von Konventionen habe ich nun gelernt, Kürbis in den Ofen zu packen, wo er noch intensiver leuchtet und, auch durch Zutun des gemütlichen Gewürzes Koriander, einen intensiven Geschmack annimmt, den ich als süß und froh empfinde.

Schmeckt es Ihnen, David?

Oh ja. Bisher war mein erster Gedanke bei Kürbis immer Halloween, der ausgelassene Totenkult, und dann Mexiko, wo auf den Friedhöfen gefeiert, gekocht und gegessen wird. Das ist mir nahe. Zu unserem Haus der menschlichen Begleitung gehört ein Friedhof, auf dem wir uns ohne Konventionen begegnen. In den »Gärten der Bestattung« reglementieren wir unsere Gäste nicht, unser Friedhof ist immer geöffnet, man könnte dort sogar grillen und ein Fest feiern. Da wären wir beim Segen der guten, der reichen Erde, geborgen, gehalten, vertraut. Das Bild stammt aus Irland, dort ist eine Beerdigung traditionell ein mehrtägiges Familienfest, bei dem Essen, Trinken und Lachen zum Erinnern dazugehören. Wahrscheinlich auch eine gute Suppe. Wir feiern auf unserem Friedhof jedes Jahr ein großes Sommerfest. Eingeladen sind nicht nur Trauernde, jeder kann kommen, der Freude an guter Musik hat. Unser jährliches Open-Air-Konzert ist ein Höhepunkt in der Region. Die Menschen sitzen zwischen den Gräbern, klatschen, singen, lachen und weinen. Zum letzten Konzert kamen über 2.000 Besucher. Für meine Familie und unsere Mitarbeiter ist das Sommerkonzert auch deshalb ein Höhepunkt, weil die Menschen uns mit ihrem Kommen zeigen, dass wir als Bestatter mitten in der Gesellschaft angekommen sind, und dass unsere Arbeit große Wertschätzung genießt.

Kürbis aus dem Ofen

Für 1 Blech

1 kleiner Butternusskürbis*
2 Esslöffel Olivenöl
1 kleine rote Chilischote*
2 Teelöffel Korianderkörner*
2 Teelöffel Meersalz
schwarzer Pfeffer

Kürbis der Länge nach halbieren, die Kerne herauskratzen und die Hälften ungeschält quer in etwa zwei Zentimeter dicke Scheiben schneiden. Auf einem mit Backpapier ausgelegten Blech ausbreiten und mit Olivenöl bestreichen. Meersalz mit Koriander etwas zerstoßen und über die Kürbisstücke streuen. Bei 190 °C im Ofen etwa 30-40 Minuten backen, bis der Kürbis schmelzend weich ist und sich leicht von der Schale lösen lässt. Schön dazu ist eine sanftgrüne Creme aus reifer Avocado, die ich mit Zitronensaft. Salz, Pfeffer und einer ordentlichen Prise Zucker zerdrücke.

Noch unkomplizierter ist Joghurt mit einer Prise Salz. Und wenn ich gerade einen Granatapfel zu Hause habe, verstreue ich noch ein paar der rubinrot leuchtenden Kerne über den Kürbisstücken.

Die gute Suppe

Ich habe Davids Anregung aufgenommen. Eine Suppe steht auf dem Herd, diese ist die Essenz der Erinnerung. Ich koche sie jedoch nur, wenn mein Metzger Ochsenschwanz anbietet – das Ergebnis ist unvergleichlich. Die Suppe ist ein Konzentrat des Wohlbefindens, das Fleisch kann feinfaseriger und zarter nicht sein.

Für etwa 1½ Liter, denn die Suppe hält sich im Kühlschrank ein paar Tage

4 Stücke Ochsenschwanz* (ca. 800 g)
1 Zwiebel
1 Karotte
1 Stück Sellerie (ca.100 g)
1 Knoblauchzehe
1 daumengroßes Stück Ingwer*
4 Pimentkörner
10 Pfefferkörner
1 Teelöffel Koriandersamen*
Salz
¼ kleiner Spitzkohl*
2 Frühlingszwiebeln
eine Handvoll Shiitake-Pilze
eine Handvoll gehackte Petersilie
1 Esslöffel Sesamöl oder
Traubenkernöl
Sojasauce

Die Ochsenschwanzstücke kalt abspülen, in einem Topf mit Wasser bedecken und bei mittlerer Hitze aufkochen. Die Temperatur so reduzieren, dass die Suppe nur leicht köchelt, und den aufsteigenden Schaum immer wieder abschöpfen.

Die Zwiebel häuten, halbieren und auf der Schnittseite in einer Pfanne ohne Fett anrösten.
Karotte und Sellerie schälen, mit der ganzen Knoblauchzehe und den Zwiebelhälften zum Fleisch geben und drei bis vier Stunden bei kleinster Hitze garen – nur wenn die Suppe nicht kocht, bleibt sie dunkelbernsteinfarben klar.
Danach Fleisch und Gemüse herausnehmen, die Gewürze etwa 20 Minuten ziehen lassen und die Suppe durch ein Sieb gießen. Klein geschnittenes Gemüse und ausgelöstes Ochsenschwanzfleisch wieder zugeben.
Spitzkohl in feine Streifen schneiden, Frühlingszwiebeln in Ringe und Shiitake in größere Stücke schneiden und alles in Sesam- oder Traubenkernöl braten, zur Suppe geben, die Petersilie zufügen und mit Sojasauce abschmecken.

Silvester überleben

Um Mitternacht ist die Marmelade fertig

Was machst du an Silvester? Ich setze ein tapferes Tirili auf, »Das ist auch nur ein Abend wie jeder andere!«, und schlage alle Einladungen aus, weil ich Angst vor dem gemeinsamen Alleinsein habe. Auf dem Wochenmarkt gibt es Bitterorangen aus Sizilien, seltene Gelegenheit, ein Wink, ich kaufe zwei Kilo. Für Bitterorangenmarmelade müssen die Schalen in feine Streifen geschnitten werden, das ist eine zeitraubende Aufgabe mit besinnlicher

Tendenz. Als das Jahr vorbei ist, sind acht Gläser abgefüllt. Prosit.

Wie habe ich das gemacht, David?

Ich hätte dazu geraten, die Gemeinschaft zu suchen. Die großen Feiertage sind Klippen, gerade dann wird einem bewusst, dass da etwas fehlt. Es haben sich über die Jahre feste Strukturen eingeschlichen, wir machen Raclette, wir treffen uns zu sechst mit zwei befreundeten Paaren, alles war so schön – dieses ewig Verklärende der Erinnerung schlägt voll zu. Und auf einmal sind es nur noch fünf. In dieser Form läuft es dann nicht mehr, Pärchen spalten sich auf, die einen zugewandter, die anderen erschrocken zurückgezogen, viele Beziehungen geraten aus der Balance. Eine häufige Frage zu diesen krisenbefrachteten Tagen ist: Würde es besser sein wegzufahren, etwas ganz Neues zu machen? Im Einzelfall kann es so sein. Grundsätzlich wird aber dadurch nichts besser, dass ich mich nicht damit befasse. In unserem Bestattungshaus setzen wir unsere Gedenkfeier für die Verstorbenen des Jahres bewusst in den Dezember, nicht in den Trauermonat November. Wir holen ganz konkret die zu uns, die einen Menschen verloren haben, wir schaffen Raum zum Gedenken, mit Musik, mit Kerzen. Wir sitzen an diesem Nachmittag bei Glühwein und Plätzchen zusammen, die Menschen sprechen miteinander, man tauscht sich aus, findet Gemeinsamkeiten. Es ist gut, sich bewusst auf Veränderung einzulassen – dazu gehört auch die Veränderung der Veränderung, der Verlust bleibt nicht gleich.

Bitterorangen-Marmelade

Für etwa 8 Gläser

2 kg Bitterorangen*
Saft einer Zitrone
2 kg Rohrohrzucker
¼ Teelöffel Fleur de Sel*
1 Esslöffel Butter
1 Mulltuch

Orangen auspressen, dann die Schalen sauber auskratzen. Saft mit zwei Liter Wasser und dem Zitronensaft in einen großen Topf geben, das Mulltuch mit den Resten aus der Orangenpresse, den Kernen und Häuten aus den Schalen zu einem Säckchen binden und in den Topf hängen. Langsam ohne Deckel zum Kochen bringen.

In der Zwischenzeit die halbierten Schalen in feine Streifen schneiden und nach und nach in den Topf geben und dann alles zwei bis drei Stunden kochen, bis die Schalen weich sind.

Das Mullsäckchen herausnehmen und gut ausdrücken. Die dicklich-glasige Flüssigkeit, die dabei austritt, enthält das gelierende Pektin – also gründlich vom Tuch abkratzen und in den Saft rühren. Jetzt auch den Zucker zugeben und auf kleiner Flamme auflösen.

Die Marmelade 20 bis 30 Minuten kochen lassen, bis die sprudelnde Oberfläche anzeigt, dass die Flüssigkeit gelieren wird.

Zur Probe auf eine kalte Untertasse (aus dem Kühlschrank) einen Teelöffel Marmelade geben und prüfen, ob sie fest wird.

Die Marmelade dann etwa zehn Minuten ruhen lassen, das Salz zugeben, sehr sanft die Butter einrühren und in Gläser füllen, die kurz zuvor im Ofen geöffnet bei 180 °C 15 Minuten lang sterilisiert wurden und noch heiß sind.

Tipp

Diese Marmelade herzustellen, lohnt sich unbedingt. Sie macht sich großartig als Zutat in Saucen zu Fleisch, insbesondere Ente oder Wild. Sie gibt Salatdressings eine kapriziöse Note und in Gemeinschaft mit einer Packung Blätterteig im Kühlschrank und ein paar Nüssen oder Mandeln im Vorrat ist sie fähig zu spontanen Desserts.

Für mich ganz allein

Wertschätzung üben mit gebeiztem Fisch

Wenn es nicht wahr ist, dann trefflich erfunden: Australische Forscher von der University of Queensland analysierten 41 Studien und kamen dabei zu dem Ergebnis, dass sich Personen, die allein leben, häufiger schlechter ernähren als andere. Bei der Ursachenforschung führte man an, wie schwierig es sei, für eine Person einzukaufen und gar in kleinen Mengen zu kochen. Das soll den Konsum von Fertiggerichten erklären. Ich kann das auf keinen Fall gelten lassen. Kein Mensch, sehen wir mal von Astronauten ab, muss industriell fabriziertes Essen zu sich nehmen. Ich kann auch im Supermarkt eine einzelne Karotte kaufen, sogar eine kleine, auf dem Wochenmarkt bekomme ich einen Spitzkohl jederzeit auch halbiert (falls mir für die zweite Hälfte wirklich nichts einfallen sollte), mein Metzger macht mir auch 150 Gramm Hackfleisch ohne Murren zurecht, und ein dünnes Saiblingsfilet ist nicht zu viel. Die Ungunst der Umstände ist vorgeschoben, die Gründe fürs Singlefix liegen woanders. »Für mich allein lohnt die Mühe nicht.« Frauen sagen es so viel häufiger als Männer. Das bricht mir das Herz. Jetzt wird es mir noch spät zum Glück, dass ich mich immer zu wichtig genommen habe.

Jetzt mal ehrlich, David, bin ich nicht doch ein bisschen verrückt?

Es muss nicht immer alles sinnvoll sein. Essen ist mehr als Kalorienaufnahme, Lebens-Mittel sind Mittel zum Leben, und wenn wir so wollen, dann auch Seelsorge. Das kann genau die richtige Übung sein, Sachen wieder unbeschwert anzugehen, für sich selbst anerkennen, dass man auch allein genießen kann. Zuvor hat man immer und bei allem den anderen mitgedacht, jetzt ist es nicht nur erlaubt, sondern geradezu Gebot, auf sich, ganz konzentriert auf sich zu schauen. Vom Wir zum Ich. Da entsteht jetzt ein gesundes Selbstbewusstsein, dabei übrigens auch eine Ausstrahlung, die attraktiv auf andere wirkt.

Gebeizter Saibling

Nur für mich

1 frisches Filet vom Saibling*
(oder Lachsforelle)
½ Teelöffel Koriandersamen*
½ Teelöffel Senfkörner
½ Teelöffel Fenchelsamen*
5 schwarze Pfefferkörner
4 Wacholderbeeren
1 Teelöffel Meersalz
1 Teelöffel Rohrohrzucker
je 1 Teelöffel Zitronen- und
Orangenschale (Bio) in feinen Streifen

Koriander, Senfkörner, Fenchel, Pfeffer und Wacholder in einer Pfanne ohne Fett anrösten, bis Duft aufsteigt, leicht abgekühlt im Mörser mit Salz und Zucker zerstoßen und mit den Zitrusschalen mischen. Das Fischfilet waschen, trocken tupfen und mit den Fingerspitzen auf eventuell verbliebene Gräten abtasten. Mit einer Pinzette herausziehen, das Filet dann mit der Hautseite nach unten in eine Glas- oder Porzellanform legen und die Gewürzmischung gleichmäßig auf dem Fisch ausbreiten.

Mit Folie zugedeckt gut vier Stunden im Kühlschrank ziehen lassen, dann vorsichtig abwaschen und trocken tupfen.

Der gebeizte Fisch schmeckt pur mit ein paar Spritzern Zitronensaft oder mit einem kühlen Orangendip: Einen Becher Joghurt mit natürlichem Fettgehalt, einen Esslöffel Orangensaft, etwas fein geschnittene Orangenschale, milde Chiliflocken* oder Chilifäden, etwas Salz und Zucker verrühren und mit ein paar Spritzern Olivenöl extra vergine* beträufeln.

Hausgemachte Ravioli »Obermeier«

Dazu eine Bemerkung: Ich habe selbstgemachte Pasta lange für eine Allüre von kulinarischen Wichtigtuern gehalten. Eines Besseren belehrt, schulde ich dem Bekannten Dank, der mir dieses genial einfache Rezept für den Teig verraten hat.

Für mich und für den nächsten Tag

1 Tasse doppelgriffiges Mehl*
1 großes Ei
1 Prise Salz

Mehl mit Ei und einer Prise Salz zu einem glatten seidigen Teig verkneten, möglicherweise ein paar Tropfen Wasser zugeben und in Frischhaltefolie eingewickelt eine Stunde kühlen. Den Teig auf möglichst wenig Mehl dünn ausrollen und die Ravioli ausstechen. Ich nehme dafür Gläser in zwei verschiedenen Größen, der Deckel soll etwas größer als das Unterteil sein – acht Ravioli werden so entstehen.

Sommerfüllung

200 g Brokkoli
1 Esslöffel Ricotta
1 Esslöffel frisch geriebener Hartkäse, z.B. Parmigiano oder Pecorino*
1 Esslöffel Pinienkerne
Zitronenschale
Salz und Pfeffer

Brokkoliröschen weich kochen und fein pürieren. Zwei Esslöffel Brokkolipüree mit Ricotta mischen und mit etwas Zitronenschale, Salz und Pfeffer würzen. Pinienkerne ohne Fett golden rösten und unters Brokkolipüree mischen.

Winterfüllung

1 kleine Handvoll Walnusskerne
3 getrocknete Tomaten
1 Teelöffel Orangenschale
1 kleine grüne Chilischote*
1 Esslöffel frisch geriebener Hartkäse, z.B. Parmigiano oder Pecorino

Tomaten mit einem Stück Orangenschale aufkochen, eine Zeitlang weichen lassen und anschließend mit der entkernten grünen Chili und den Walnusskernen klein hacken und mit dem Käse vermischen. Ich prüfe dann, ob zusätzliches Salz nötig ist – meist liefert der Käse genug.

Je einen Teelöffel Füllung auf die Unterteile der Ravioli setzen, die Ränder mit einem Tröpfchen Wasser bestreichen, die Oberteile daraufsetzen und mit einer kleinen Gabel rundum fest andrücken.

Zugedeckt trocknen die Ravioli unter einem Küchentuch etwa eine Stunde und kochen dann nur zwei bis drei Minuten. Ich persönlich brauche dazu nichts außer ein bisschen braune Butter* und Pfeffer aus der Mühle.

Spitzkohl-Palatschinken

Nur für mich

½ kleiner Spitzkohl*
(oder auch Weißkohl)
1 Esslöffel Olivenöl
1 Esslöffel Schale von einer Bio-Orange
1 Esslöffel Orangensaft oder Grappa
1 Esslöffel Rosinen
1 Esslöffel Pinienkerne
4 gehäufte Esslöffel Ricotta
(wenn nötig auf einem Sieb abgetropft)
Salz
Pfeffer
1 Esslöffel Butter, besser braune Butter*

Rosinen eine Stunde in Orangensaft oder – sehr gut! – Grappa einweichen. Vier große äußere Blätter vom Spitzkohl lösen, etwa drei Minuten in Salzwasser blanchieren, kalt abschrecken, zum Trocknen auf einem sauberen Küchentuch ausbreiten und vorsichtig mit Küchenpapier abtupfen – dabei werden die Blätter auch gleich so flach gedrückt, wie ich sie nachher brauche. Pinienkerne ohne Fett goldbraun rösten. Den restlichen Spitzkohl noch einmal längs halbieren, vom Strunk befreien, in feinste Streifen schneiden und im Olivenöl auf kleiner Hitze weich dünsten, mit Salz und schwarzem Pfeffer aus der Mühle würzen und abkühlen lassen. Rosinen kräftig ausdrücken, zusammen mit Orangenschale und Pinienkernen unter den Ricotta mischen und mit ein wenig Salz abschmecken. Die trockenen Kohlblätter auslegen, erst einen knappen Esslöffel vom gedünsteten Kohl daraufsetzen, dann nochmal ebenso viel Ricotta obenauf. Die Ränder einschlagen und ein Päckchen formen.

Die Hälfte der Butter in einer ofenfesten Form verteilen, die »Palatschinken« daraufsetzen und bei 180 °C etwa 30 Minuten goldbraun braten, zuletzt mit dem Rest der braunen Butter bestreichen.

Mach doch mal was Schönes

Salate, die Fantasie und Mut belohnen

Man sieht sich immer zwei Mal. Habe ich früher doch flüssig oberschlaue Ratgebertexte für seelische Talsohlen geschrieben wie etwa: Morgens die positive Konfrontation mit dem Spiegel suchen und sich selbst zurufen: »Hey, das wird dein Tag!« Oder auch: sich einfach mal etwas Schönes gönnen, Betonung auf »einfach«. Wie Ohrfeigen kommen diese konfektionierten Lebenshilfen heute zu mir zurück. Ratschläge, wie ich sie selbst gegeben habe, machen mich ratlos. Nein, ich will mir nichts gönnen. Keinesfalls kann ich mir vorstellen, bei einem Wellnesswochenende Kraft zu tanken, und ich habe eher Angst davor, meine innere Mitte zu treffen. Ich weiß nicht, wie ich Abstand gewinnen sollte – da müsste ich mir wohl das Herz ausreißen – und ich will es auch gar nicht. Ich bleibe einfach so. Nichts passt besser zu diesem undisziplinierten Zustand als ein Salat. Es muss nichts beachtet, bemessen und gewogen werden. Ich würfle ihn aus den Dingen zusammen, die da sind. Es gibt kein Rezept. So ist das.

David, haben Sie eigentlich Rezepte, geben Sie Ratschläge?

Ein eindeutiges Nein. Viele Ratschläge sind mehr Schläge als Rat. Da halten wir uns zurück. Für uns ist wichtig, dass die Trauernden sich aufgehoben fühlen. Die Menschen, die zu uns kommen, merken sehr schnell, dass wir es aushalten, wenn sie weinen und verzweifelt sind. Wir sind da. 24 Stunden am Tag, sieben Tage die Woche. Wenn jemand am offenen Sarg sitzen will, dann kann man das bei uns im Haus. Wir bahren die Tote, den Toten aber auch zu Hause auf, da wo sie, wo er gelebt und geliebt hat. Man kann beim Anziehen des Verstorbenen helfen und begreift durch diesen Körperkontakt, dass das, was den geliebten Menschen belebt, beseelt, ja ausgemacht hat, nicht mehr da ist. Angehörige, die einen Verstorbenen anschauen und berühren, merken sehr schnell, dass da nur noch eine sterbliche Hülle vor ihnen liegt, was beim Loslassen helfen kann. Bei uns bekommen Menschen Raum und Zeit, über eigene Abschiedsrituale nachzudenken. Wenn jemand eine konventionelle Trauerfeier in einer Aussegnungshalle haben möchte, kein Problem, wir organisieren das auf jedem Friedhof in unserer Region. Wenn jemand am Wochenende oder um Mitternacht Abschied nehmen möchte, dann machen wir das auf unserem Friedhof möglich.

Ein zufälliger Sommer-Salat

Zutaten

Pimientos de Padrón (werden bei uns meist als Bratpaprika verkauft)
frische Feigen
frische Himbeeren
altbackenes Brot
Rapsöl
Apfelbalsamessig
Salz und Pfeffer

Die kleinen Pfefferschoten in Öl rundum kurz braten, bis sie leicht bräunen, mit Salz bestreuen, aus der Pfanne nehmen und im gleichen Öl das altbackene Brot in mundgerechten Würfeln leicht anrösten. Frische Feigen ungeschält vierteln. Gebratene Pfefferschoten und Früchte ansehnlich zueinanderlegen, mit Rapsöl und mit Apfelbalsam beträufeln und etwas Pfeffer darübermahlen.

Tipp

Die kleinen grünen Paprikaschoten kommen ursprünglich aus der Umgebung des kleinen Ortes Padrón in Galicien und gehören zu den klassischen spanischen Tapas. Man munkelt von scharfen Exemplaren, die sich unter ihnen verbergen – mir ist noch nie eines begegnet. Wichtig ist nur, nicht an der Qualität und Menge des Öls zu sparen und die Schoten wirklich nur kurz zu braten, weil sie sonst bitter werden.

Zum Beispiel ein Salat im Herbst

1 Handvoll Trauben, halbiert
und entkernt
1 Handvoll frische Estragonblätter*
1 kleine rote Zwiebel
ca. 100 g Bergkäse oder anderer
halbfester Schnittkäse
Olivenöl
Weißweinessig
Salz
Pfeffer

Die Zwiebel in feine Ringe schneiden und mit einem Esslöffel Essig eine Viertelstunde ziehen lassen, um ihr die Schärfe zu nehmen. Estragonblätter und Trauben mischen, die Essigzwiebeln zugeben, mit so viel Olivenöl mischen, dass die Säure angenehm wird, leicht salzen, Pfeffer darübermahlen und großzügig Späne vom Käse (das geht am besten mit den Sparschäler) verteilen.

Tipp

Ich habe frischen Estragon im Topf vor der Türe stehen, es sollte die französische Sorte sein mit dem typischen sehr feinen, pfeffrigen Aroma. Nicht ganz so raffiniert aber auch gut ist stattdessen Babyspinat oder kleinblättriger Pflücksalat.

Immer wieder mal im Winter

Aromatische weiche Wurst wie z.B. Chorizo* oder auch Blutwurst
Orange oder Grapefruit
Radicchio oder ein anderer Blattsalat
Walnüsse
frische Datteln* (ungezuckert)

Dressing
Olivenöl
etwas Walnuss-Öl
Himbeeressig
etwas Dijon-Senf*
Salz
1 Teelöffel Preiselbeeren

Wurst in nicht zu dünnen Scheiben ohne Fett leicht knusprig ausbraten. Aus Orange oder Grapefruit die Filets zwischen den Häuten herausschneiden, Walnusskerne von den bitteren Häutchen befreien, Datteln halbieren und entkernen. Radicchio in angenehme Stücke zupfen und mit dem Dressing vermischen.

Tipp

Die frischen Datteln sind nicht mit dem zuckrigen Zeug zu vergleichen, das es in Supermärkten abgepackt gibt. Am besten sind die sogenannten Eisdatteln, die im Winter ganz unkonserviert aus Nordafrika kommen. Notfalls helfen gute getrocknete Feigen aus.

Reste im Frühling

1 Handvoll Radieschen, die zu lange im Kühlschrank lagen und nicht mehr knackig sind
125 ml Gemüsebrühe*
1 geräuchertes Forellenfilet
1 Stück Salatgurke
ein paar Löffel Couscous, Bulgur* oder Buchweizen*
Olivenöl
Salz
Zitronensaft
Chiliflocken*

Die Radieschen putzen, vierteln und drei bis fünf Minuten in der Gemüsebrühe kochen, abgießen und abkühlen lassen. Gurke schälen, entkernen und in nette Würfelchen schneiden. Forellenfilet zerteilen. Couscous, Bulgur oder Buchweizen eben nach Packungsanleitung zubereiten (falls keine Reste vorhanden sind, dauert das auch nicht länger als zehn Minuten) mit Olivenöl, Zitronensaft und Chili kräftig abschmecken und mit Radieschen, Forelle und Gurke bedecken.

Spontane Salate, an die ich mich gern erinnere

Melone, Gurke, Tomate, Chili und roher Schinken knusprig ausgebraten mit Olivenöl, Zitrone, Honig, Anis*

Löwenzahnsalat, Passionsfrucht, gekochte Wachteleier oder Hühnereier mit Kürbiskernöl, Weißweinessig, Dijon-Senf*, Johannisbeer-Gelee

Kaltes Huhn, Mango, rote Zwiebel, Blattsalat mit Olivenöl, Sherryessig und gerösteten Cashewkernen

Rettich in hauchdünnen Scheiben, Parmesan, Basilikum mit Olivenöl und Balsamico

Champignons gebraten mit Schweinebratenresten, Nektarine und frischem Meerrettich mit Olivenöl und Zitrone

Gebackener Kürbis*, Esskastanien, Speck, Kürbiskerne mit Apfelbalsam

Wassermelone, Blaubeeren, Schafskäse, Pinienkerne mit Rapsöl und Apfelmost

Gekochte Kartoffeln mit Apfel oder Birne und Lauchzwiebeln in einem Dressing aus Kokosmilch und Olivenöl

Zum Dressing

Ich habe verschiedene Öle und Essige, jedoch keine ausgefuchsten Gourmet-Produkte im Schrank. Hilfreich finde ich ein gutes Olivenöl*, Rapsöl, Walnuss- oder Kürbiskernöl, vielleicht noch ein Traubenkernöl. Ich brauche Weißweinessig, einen anständigen, jedoch nicht uralten Balsamico und, wenn ich mich entscheiden müsste, lieber Sherry- als Rotweinessig. Zitronen- und Orangensaft können Essig allerbestens ergänzen und ersetzen, Most, Gemüsebrühe*, Fruchtpürees sind ebenfalls geeignet.

Unentbehrlich finde ich guten Senf in den Versionen scharf und süß, dazu Meerrettich und zum Süßen Honig, Rohrzucker, Sirup, eine Zitrusmarmelade* oder die Gelees oder Marmeladen, die sowieso im Kühlschrank stehen.

Zusätzlich zu Salz und Pfeffer ermutige ich zu Anis* im Ganzen, Sumach*, Schabzigerklee*, Chiliflocken*, Sesam und allen Kräutern, die frisch oder gefroren zur Hand sind.

Das ließe sich nun fast endlos fortsetzen, und ich versichere Ihnen, dass es womöglich unnütz aber zeitversüßend ist, Salatsaucen zu erfinden.

Über den Tellerrand hinaus

Etwas Neues probieren

»Mach doch mal Falafel«, sagt mein Sohn. »Mag ich nicht«, sage ich und: »Das passt auch gar nicht zu mir«, zeitgeistige Speise aus der Veggieszene. Uiii! Wieso das jetzt? Ich merke es gleich und bereue. Das ist eine positive Entwicklung: Ich bin wieder veränderbar. Wahrscheinlich liegt es nur daran, dass es zu zweit leichter war, Camelot zu verteidigen. Allein ist es recht fad dort oben. Ich bin also aufgeschlossen. Und langsam, sehr langsam, schimmert in der Leere Freiraum. Anfangs nur Kichererbsen statt Hackfleisch, dann immer öfter, sonntagnachmittags mit einer Freundin ins Theater, das hätte ich im alten Leben nie gemacht ... Sollte ich mich freuen dürfen, David?

Probieren Sie es. Das Leben geht nicht weiter, wie man gemeinhin so daherfloskelt. Die Wahrheit ist, es beginnt etwas Neues. Anfangs ist es schwer für die neuen Erfahrungen, zu Ihnen durchzudringen, Trauernde sind nicht erreichbar. Doch nach und nach kann man es schaffen, sich auf das neue Leben bewusst einzulassen und zu akzeptieren, dass man auch wieder schöne Stunden erleben darf, ohne Angst haben zu müssen, die Erinnerungen an den Verstorbenen zu beschädigen.

Meine Falafel aus der Pfanne

Für etwa 12 Stück

1 Dose Kichererbsen*
1 Ei
½ Karotte
1 kleine rote Zwiebel
1 kleine Handvoll Petersilie mit Stielen
½ Knoblauchzehe
1 Teelöffel Zitronenschale
Salz
Pfeffer
Kreuzkümmel
etwas Zitronensaft
2 Esslöffel heller Sesam
6 Esslöffel Olivenöl

Kichererbsen abgießen, unter fließendem Wasser abspülen und zwischen Küchenpapier trocknen. Mit einem Ei fein pürieren. Karotte, Zwiebel, Knoblauch und Petersilienstiele fein hacken, in zwei Esslöffel Olivenöl anschwitzen und in etwa zehn Minuten weich dünsten, ohne dass das Gemüse Farbe annimmt, und gehackte Petersilienblätter unterrühren. Mit Salz, Pfeffer, wenig gemahlenem Kreuzkümmel (probieren!) und Zitronenschale würzen. Noch ein paar Minuten ohne Hitze ziehen lassen und mit dem Kichererbsenpüree mischen. Mit nassen Händen kleine Frikadellen formen, in Sesam wälzen und im restlichen Olivenöl bei mittlerer Hitze braten.

Kalter Joghurt mit Minze ist der Klassiker dazu, Schnittlauch im Joghurt tut es auch.

Ein Kuchen aus dem Libanon

Für eine Form, ca. 30 x 20 cm

1 Esslöffel Anissamen*
250 ml Wasser
250 g Zucker
180 g Grieß
120 g Mehl
2 Teelöffel Kurkuma
1 Teelöffel Anis gemahlen
2 Teelöffel Backpulver
120 ml Erdnussöl
1-2 Esslöffel Tahina (Sesampaste)
je 1 kleine Handvoll geschälte Mandeln und Pinienkerne

Anissamen mit kochendem Wasser übergießen, zehn Minuten ziehen lassen, durch ein Sieb gießen und den Zucker darin auflösen. Grieß, Mehl, Kurkuma, gemahlenen Anis und Backpulver mischen, Öl und Anistee zugeben und zu einem glatten Teig verrühren, der einem Pfannkuchenteig ähnlich sieht. Eine flache rechteckige Form dünn mit der Sesampaste ausstreichen, den Teig einfüllen und obenauf Mandeln und Pinienkerne verteilen.

Bei 180 °C 40 Minuten backen und ausgekühlt aus der Form stürzen.

Alles bleibt anders

Melonen und Gazpacho neu erfinden

Ich habe gute Nachrichten von draußen. Da kommt etwas Positives von mir an. Eine ganz junge und hübsche Frau findet mich vorbildhaft. Das trage ich wie Chanel. Sieht gut aus und macht mir Mut. Ich kann es noch. Ich kaufe mir eine sehr zeitgeistige Hose und koche etwas Passendes. Man kann mir nun (zu Recht) Verkleidung und Verstellung vorhalten. Meine Überlegung geht so: Wenn ich den Hohlraum in mir füllen will, kann es nur mit Neuem sein. Unsere gemeinsam gewesenen Dinge sind tabu, springen mir aus den Fingern, gehören mir nicht. Zugriff verweigert. Ich muss etwas Eigenes finden. Das ist eine Übung. Tatsächlich schmeckt Wassermelone gebraten ganz fabelhaft, und übrigens gefällt mir britischer Punk.

Nehmen Sie ein Stück Wassermelone, David?

Aber ja. Ich mag nur den Titel nicht so, das klingt mir zu sehr nach Grönemeyer, »...bleibt alles anders«, irgendwie kryptisch. Ich habe lieber Nam June Paik, das ist so klar und aufregend charmant und auch noch ermutigend: »When too perfect, lieber Gott böse«. Es ist doch ein Schrei nach Lebendigkeit, der sich da Luft macht, nicht wahr? Wir wissen, dass es nie wieder wie zuvor sein wird. Das bedeutet auch, dass morgen nicht wie heute ist, und das dürfen wir getrost auch als Chance begreifen.

Gebratene Wassermelone mit kandierten Erdnüssen

Für mich und einen Überraschungsgast

2 Scheiben kernarme Wassermelone
½ Esslöffel Olivenöl
2 kleine Handvoll Erdnusskerne
4 Esslöffel Zucker
1 Esslöffel Wasser

Gewürzmischung
1 Teelöffel Sumach*
1 Teelöffel Chiliflocken*
¼ Teelöffel Rauchsalz

scharfe Sauce
½ kleine Ananas
1 Teelöffel mittelscharfer Chili
3 Esslöffel Apfelessig
ein paar Spritzer Tabasco

Für die kandierten Erdnüsse Zucker und Wasser langsam erhitzen. Wenn der Zucker Farbe annimmt, die Erdnüsse dazugeben, vom Herd nehmen, kräftig umrühren und noch einmal eine halbe Minute unter Rühren erhitzen und anschließend völlig abkühlen lassen.

Die Gewürze mischen – das Rauchsalz zu besorgen, lohnt sich zwar für den Geschmack, aber bevor Stress entsteht, tut es Meersalz auch. Für die scharfe Sauce alle Zutaten im Mixer pürieren und mit etwas Salz abrunden. Die Wassermelone in Olivenöl bei starker Hitze von beiden Seiten kurz braten, mit dem Gewürzmix bestreuen und mit scharfer Sauce und Erdnüssen servieren.

Spargel-Gazpacho

Für etwa ½ Liter

500 g grüner Spargel
1 Teelöffel Zucker
1 Teelöffel Salz
Olivenöl
1 Schalotte
1 Schuss Noilly Prat*
100 ml Weißwein
1 Scheibe Weißbrot Typ Toscanabrot, am besten vom Vortag
Salz
Zucker
etwas Zitronensaft

Die Enden vom Spargel großzügig abschneiden und in dreiviertel Liter Wasser mit Salz, Zucker und einem Teelöffel Olivenöl eine Stunde köcheln, abgießen und Sud aufheben. Den Spargel in größere Stücke schneiden, im Sud sehr weich kochen und herausfischen. Das Brot in etwas Spargelsud einweichen. Schalotte fein würfeln, mit etwas Olivenöl anschwitzen, mit Noilly Prat ablöschen, Weißwein angießen und einkochen lassen, bis nur wenig Flüssigkeit verbleibt. Spargel und Schalotte mit so viel Spargelsud pürieren, dass eine dicke Creme entsteht.
Weißbrot gut ausdrücken, zugeben und mit vier bis fünf Esslöffel Olivenöl eine glänzende Konsistenz mixen. Mit Salz, Zucker und einem Spritzer Zitrone abschmecken und gut durchkühlen lassen. Es schadet nicht, den Gazpacho vor dem Servieren noch Minuten im Tiefkühlfach zu platzieren.

Zeit für ein Fest

Ein Menü für Geburtstage und andere Tage

Ich erinnere mich an einen Satz, den ich lange Zeit als Fahne getragen habe: »Ich kann, weil ich will, was ich muss.« Hübsch einfach, wie das Leben mal war, angeblich Kant, so griffig hat er es allerdings sicher nicht gesagt. Wir hatten ein Faible für optimistische Spruchweisheiten (vor allem nicht ganz ernst gemeinte) wie etwa: »Wenn du glaubst, es geht nichts mehr, kommt von irgendwo ein Geld daher.« Jetzt kommt der alte Kant zurück zu mir. Ich tue öfter mal so, als wäre das Leben wieder gut, und am Ende mancher Tage glaube ich es selbst. Ich habe wieder zu meinem Geburtstag eingeladen. Ich habe ohne Generalprobe gekocht, ganz anders als früher, als ich noch perfekt war ...

Ich bin jetzt wirklich stolz auf mich, David.

Das war sehr lecker, Ingrid. Was mir auch gefällt, ist die Freude, etwas lustvoll zu tun. In dem mittlerweile berühmten Buch über die fünf Dinge, die Sterbende am meisten bereuen) steht: »Ich wünschte, ich hätte mir erlaubt, glücklicher zu sein.« Eine Spruchweisheit fällt mir auch dazu ein: carpe diem. Meist wird das falsch gesehen, im Sinne von »Tue etwas Nützliches!« – »Pflücke den Tag« heißt es übersetzt und ist lustbetont, und genau dafür spreche ich mich aus. Memento mori (»Sei dir deiner Sterblichkeit bewusst«) ist kein knöcherner Zeigefinger, sondern eine Ermutigung, Spaß zu haben. In dem Moment, in dem das gelingt, sind wir dem hilflosen Strampeln entronnen, und in der Lage, das Leben wieder mit Sinn aufzuladen.

Karottensuppe mit Vanille

Die Idee für diese Suppe habe ich dem liebenswürdigen Sternekoch Dieter Müller[1] zu danken, von dessen Hand ich diese Suppe eines Abends kosten durfte.

Für 8 Personen

500 g Karotten
3 Esslöffel fein geschnittener Lauch (das Weiße)
2 Esslöffel Butter
250 ml Karottensaft
250 ml Sahne
300 ml Gemüsebrühe*
Salz
1 ordentliche Prise Zucker
Mark einer halben Vanilleschote* oder etwas mehr
1 Esslöffel Saft
1 Teelöffel Schale einer Bio-Orange

Karotten schälen und fein würfeln, mit dem Lauch in einem Esslöffel heißer Butter anschwitzen und mit Karottensaft, Sahne und Gemüsebrühe aufgießen. Die Karotten sehr weich kochen, mit der restlichen Butter pürieren und durch ein Sieb passieren. Mit Salz, Orangensaft, Orangenschale und einer mutigen Dosis Vanille abschmecken – Sie werden es nicht bereuen!

[1] Später habe ich erfahren, dass es ausgerechnet Dieter Müller war, der sich damals Zeit genommen hatte, um mit Kindern Pizza zu backen und Eiskreationen auszuspinnen, als Pütz-Roth die Villa Trauerbunt des Domino Zentrums für trauernde Kinder eröffnete.

Garnelenspieß

pro Person 1 küchenfertige
Riesengarnele ohne Schale und Darm
je 1 Holzspieß
Olivenöl
Currysalz aus ½ Teelöffel Currypulver mit
2 Teelöffel Salz

Dieter Müller servierte die Suppe mit einem Garnelenspieß. Die Garnelen in Olivenöl von jeder Seite nicht mehr als zwei Minuten braten, mit Currysalz würzen, auf den Spieß stecken und über die Suppe legen. Mit drei bis vier Garnelen pro Spieß wird man notfalls auch ohne Suppe satt.

Apfel-Kir

Ähnlich dem Foto auf dem Buchumschlag.

250 ml Apfelsaft
200 g Rohrzucker
1 Rosmarinzweig
1 Stück Schale von einer Biozitrone
1 Splitter Zimtstange

Zucker im Apfelsaft bei kleiner Hitze unter Rühren lösen. Rosmarin, Zitrone und Zimt zugeben und den Sirup fünf bis zehn Minuten sprudelnd kochen lassen, bis sich dichte Blasen auf der Oberfläche zeigen. Völlig abkühlen lassen. Ein Teil Sirup mit fünf bis sechs Teilen Sekt, Weißwein oder Mineralwasser auffüllen und vielleicht mit einer Apfelscheibe dekorieren.

Pulled Pork aus dem Backofen

Für 8 Personen

2 kg Schweinenacken
2 Zwiebeln
1 Esslöffel Koriandersamen*
1 Teelöffel Kreuzkümmel ganz
1 Teelöffel schwarzer Pfeffer
2 Esslöffel Tomatenmark
3 Esslöffel Olivenöl
Fleur de Sel*

Den Backofen auf 130 °C vorheizen. Die Zwiebeln grob hacken. Die Gewürze im Mörser zerstoßen, mit Zwiebeln, Tomatenmark und Olivenöl mischen.

Das Fleisch in einem Bräter (am besten aus Gusseisen) platzieren, mit der Gewürzmischung bedecken und mit Fleur de Sel bestreuen. Im zugedeckten Bräter bleibt das Schwein nun fünf Stunden im Ofen. Zuletzt den Deckel öffnen und bei 230-250 °C Oberhitze für eine dunkle Kruste sorgen.

Danach wird das Fleisch intensiv duften und mit dem Löffel zu zerteilen sein. Dazu passt scharf-süße Ananas.

Ananas-Salsa

Für 8 Personen

1 große Ananas
2 Schalotten
2 Esslöffel brauner Zucker
1 kleines Stück Sternanis*
1 kleine rote Chilischote*
1 Prise Fleur de Sel

Ananas schälen, das Fruchtfleisch vom Strunk und in etwa zwei mal zwei Zentimeter große Stücke schneiden. Die Schalotten abziehen, halbieren, vierteln und dann längs in feine Streifen teilen, zusammen mit dem Zucker bei kleiner Hitze karamellisieren*, Ananas und Sternanis zugeben. Bei der Chilischote entscheiden Sie: Für frohe Schärfe halbieren, entkernen und quer in feine Streifen schneiden. Für die moderate Version der Länge nach aufgeschlitzt und entkernt mitkochen und zuletzt herausnehmen. Die Salsa etwa eine halbe Stunde köcheln, bis die Ananas weich, schön glasig, aber nicht zerfallen ist und mit wenig Fleur de Sel abrunden.

Der unsterbliche Wolfram Siebeck hat mich zu dieser Salsa inspiriert. Ich konnte seine böse Feder nicht leiden, ziehe aber den Hut vor seinen Klassikern. Dazu gehört ein Ananaskompott aus frischer Frucht, mit fein geschnittenem Ingwer* und einem Teelöffel guter Orangenmarmelade*.

Italienischer Hefekuchen

Nur ein trockener, doch ein nicht zu trockener Kuchen, überwältigend in seiner Einfachheit.

Für eine ca. 30-cm-Form

250 g Butter zerlassen
4 Eier
400 g Rohrohrzucker
500 g Mehl (405)
Schale und Saft von 1 Zitrone
7 g Trockenhefe
100 g Pinienkerne

Backofen auf 180 °C vorheizen. Eier leicht schlagen, sehr gründlich mit Zucker, Mehl. Zitronenschale und -Saft, zerlassener Butter und Hefe vermischen, bis ein schöner glatter Teig entsteht. Form so großzügig mit Backpapier auskleiden, dass es über den Rand hinaussteht, leicht buttern und dünn mit Mehl bestäuben. Den Teig einfüllen, mit Pinienkernen bestreuen und in 40 Minuten goldbraun backen. Der Hefekuchen schmeckt warm, abgekühlt und auch noch am nächsten Tag. Ich biete dazu Orangen*- oder Zitronenmarmelade aus meinen unerschöpflichen Vorräten (siehe Silvester) an.

Apfel zum Kuchen

Die meisten Männer schätzen einen derart minimalistischen Kuchen wie nebenan gar nicht. Wenn Sie darauf Rücksicht nehmen möchten, machen Sie das zum Beispiel so:

½ Apfel pro Person
(möglichst feste Sorte)
1 Teelöffel Zucker pro Apfel
1 Teelöffel Butter pro Apfel
wenn möglich französische
Salzkaramellen
(Caramels au beurre salé)
Butter für die Form
Zucker zum Bestreuen

Äpfel schälen, halbieren, Kerngehäuse ausstechen und in die Aushöhlungen Zucker und Butter geben. Es lohnt sich, nach den Karamellbonbons mit Salz zu suchen, der Geschmack ist einzigartig. Wenn vorhanden, je nach Größe ein halbes bis ein Bonbon in die Äpfel legen.

Möglichst eng in eine gebutterte Form setzen, die mindestens genauso hoch wie die Apfelhälften ist, mit Zucker bestreuen und bei 180-200 °C etwa 40 Minuten backen, bis die Äpfel weich und schmelzend sind. Abkühlen lassen und zum Kuchen servieren.

Steinzeittherapie: hinaus und jagen

Was Wald und Wiesen an Beute bringen

Ich soll aufstehen. Ich soll aktiv sein. Ich soll mich bewegen. Ich soll hinaus in die Natur gehen. Ich hasse es. Andererseits gibt mein Rest von Hausverstand zu bedenken, dass es womöglich noch dicker kommen könnte für mich, wenn ich auch noch meine Gesundheit ruiniere. Ich habe also einen Deal mit mir gemacht: Ich gehe hinaus, wenn es etwas bringt. Nicht irgendeine innere Labsal, sondern ganz praktisch: Beute! Mangels Wissen lasse ich die Finger von Pilzen, aber auch im Tal der Ahnungslosen gibt es noch genug zu holen: Giersch, grüne weiche Walnüsse zum Einlegen und später Brombeeren. Die jungen Fichtenspitzen des Spätfrühlings sind eine Delikatesse, und aus Holunderblüten mache ich einen leichten frischen Sirup, der duftet wie einst das Leben im Mai.

Jetzt müssen Sie mich loben, David, ich habe etwas Vernünftiges getan.

Sie haben zum Glück etwas ganz Natürliches getan, und wenn wir uns mit der Natur einlassen, ist es leichter, wieder ins Leben zu kommen. Ich muss an eine Dame denken, mit der ich noch heute Kontakt habe. Vor Jahren habe ich Ihren Mann bestattet, in seinen letzten Lebenstagen hatte ich sie auf dem Friedhof getroffen, und sie hatte mir dort ihre Lieblingsplätze gezeigt – wo wunderbare Brombeeren und Himbeeren wachsen. Schön, diese Lebendigkeit: austreiben, Früchte tragen. Unlängst haben Leute in ihre Trauerbriefe Rosmarinzweige gepackt und einen ganzen Busch aufs Grab gepflanzt.

Wurstsalat mit Fichtenspitzen

Für 1-2 Personen

5-10 cm Fleischwurst (Lyoner)
1-2 Schalotten
2 Esslöffel Weißweinessig
4 Esslöffel Rapsöl
Salz
Pfeffer aus der Mühle
4-6 Fichtenspitzen

Die seidenweichen hellgrünen Frühlingsschwänzchen der Fichten sind dazu geeignet, gewöhnliche Fleischwurst mit Raffinesse zu bekränzen. Fichtenspitzen schmecken zart, frisch, säuerlich – so gut, dass es sich lohnt, ein paar im Tiefkühlzustand für den weiteren Jahresverlauf aufzuheben. Zu Fisch passen sie auch sehr gut oder über einen nicht ganz banalen Obstsalat, immer dort, wo man sich Zitrone ein bisschen subtiler vorstellen kann.

Ich schneide als Erstes die Schalotten in sehr feine Scheiben und lege sie für mindestens eine halbe Stunde in den Weißweinessig ein – das nimmt Schärfe und gibt dafür eine hübsch knackige Konsistenz. Die Wurst dann auch in möglichst feine Scheiben schneiden, unter die Essigschalotten nach und nach das Rapsöl rühren, bis die gewünschte Balance der Säure erreicht ist. Vorsichtig mit Salz würzen und über die Wurstscheibchen gießen, mit Pfeffer aus der Mühle und den fein geschnittenen Fichtenspitzen – davon viel! – vollenden.

Leichter Holunderblütensirup

Ich muss nicht erwähnen, dass die Jagd nach den Holunderblüten besonders hohen Bewegungswert hat, weil ich sie fernab von Verkehrsstraßen pflücke?

Für 2 Flaschen

10 große Holunderblüten
400 g Zucker
1 Bio-Zitrone
25 g Zitronensäure oder Weinsteinsäure

Holunderblüten vorsichtig waschen und auf einem Küchentuch abtropfen lassen. Zucker und Zitronensäure in eineinhalb Liter Wasser auflösen und zum Kochen bringen. Zitrone in dünnen Scheiben und Holunderblüten in ein Gefäß – kein Metall! – füllen, mit kochendem Wasser übergießen, verschließen (ich nehme Haushaltsfolie) und 24 Stunden ziehen lassen. Durch ein Seihtuch filtern und abfüllen, im Kühlschrank ist der Sirup ein paar Wochen haltbar.

Tipp

Wenn ich weiß, dass Freundinnen ins Haus stehen, fülle ich zwei Eiswürfelbehälter mit dem Sirup und lege klitzekleine Blättchen von Minze, besser noch Zitronenmelisse hinein. Das gibt sehr elegante Drinks.

Nachwort

David Roth

© Manfred Esser

Als Ingrid Niemeier mit der Idee zu mir kam, gemeinsam ein Kochbuch zu schreiben, war ich gleich Feuer und Flamme. Die Regale in den Buchhandlungen sind zwar voll mit Kochbüchern – von Sterneküche über Hausmannskost bis Low-Carb ist alles zu bekommen. Worüber man aber so gut wie nie etwas liest, ist das Verbindende, das Gemeinschaft stiftende, das mit dem Kochen verbunden sein kann. Auch und gerade Trauer braucht Gemeinschaft, denn wer einen geliebten Menschen verliert, braucht in den schweren Stunden jemanden, der für ihn da ist. Warum in dieser Zeit also nicht gemeinsam kochen? Dazu möchten wir ermuntern, denn unser Buch zeigt, wie man über das Kochen nach einem schweren Schicksalsschlag zurück ins Leben finden kann.

Von der Auswahl der Zutaten bis zur Zusammenstellung einer Gästeliste kann Kochen auf positive Gedanken bringen, wobei es überhaupt nicht darum geht, von der Trauer abzulenken. Beim Kochen und Essen erinnert man sich sehr bewusst auch an vergangene schöne Stunden, die man mit dem Verstorbenen verbracht hat.

Mir ist es an dieser Stelle ebenso ein Anliegen, über das gemeinsame Essen nach einer Beerdigung nachzudenken, denn dieses Ritual gerät leider immer weiter in Vergessenheit. Nach einer Trauerfeier war und ist es leider nur noch vereinzelt üblich, sich zum Leichenschmaus oder, wie es in meiner Heimat, dem Bergischen Kreis, heißt, zum sogenannten »Fell versaufen« zusammenzusetzen und sich zu stärken. Bei dieser Stärkung geht es nicht nur um das leibliche Wohl, sondern auch die Seele soll durch die Gemeinschaft Kraft erfahren. Man erinnert sich und kann so ganz nebenbei auch Kontakte auffrischen. Die Trauernden sind in den schweren Stunden nach dem Abschied nicht alleine. Diese Tradition ist häufig darauf zusammengeschrumpft, dass man nach der Beisetzung noch auf einen Kaffee, Blechkuchen oder eine belegtes Brötchen einlädt und zwischen Tür und Angel anstandshalber ein bisschen Zeit miteinander verbringt. Früher hingegen wurde beim Leichenschmaus richtig getafelt. Nicht selten gab es ein üppiges Menü wie bei einer Hochzeit oder Taufe. In dem Wort Trauerfeier ist ja eben auch das Wort Feier enthalten. In der Trauerhalle redet heute häufig nur ein Trauerredner oder Pfarrer, beim

anschließenden Zusammensein hielten früher oft Angehörige und Freunde kleine und manchmal auch große Reden auf den Verstorbenen. Es wurde mehrfach auf den Toten angestoßen, und je länger die Feier dauerte, desto lustiger wurden manchmal die Geschichten, die über den Verstorbenen erzählt wurden. Aus der Trauerfeier wurde so nicht selten eine Feier des Lebens.
Nun möchten wir niemandem vorschreiben, wie er zu trauern hat. Natürlich entscheidet jeder Trauernde selbst, wie er mit dem Verlust eines geliebten Menschen umgehen möchte, doch vielleicht kann dieses Buch auf Ideen bringen.

Als mein mittlerweile verstorbener Vater Fritz Roth in unserem Bestattungshaus in Bergisch Gladbach anfing, Kochkurse für Trauernde zu organisieren, erntete er damit zunächst nur Kopfschütteln. Doch er hat sich nicht beirren lassen. Viele Leute, die an diesen Seminaren teilgenommen haben, bestätigen uns noch heute, wie gut es ihnen getan hat, sich morgens zu treffen, gemeinsam zum Markt zu gehen, frische Produkte einzukaufen und dann mit anderen Trauernden in der Küche zu stehen, das Essen zuzubereiten, sich gemeinsam an den Tisch zu setzen, zu essen und sich zu erinnern.
Ich habe die Hoffnung, dass ein bisschen vom Geist dieser Kochkurse in diesem Buch steckt und Sie über das sinnliche Kocherlebnis Schritt für Schritt zurück ins Leben finden.

Bergisch-Gladbach, im Herbst 2018

Glossar

Was ist was?

Anis

Die ganzen Samen geben Salat-Dressings eine sehr raffinierte, erfrischende und irgendwie südlich anmutende Note. Vorausgesetzt man kauft sie in guter Qualität (das heißt möglichst frisch, ohne Geschmacksverstärker und Zusatzstoffe) – mein Gewürzhändler hat mich auf diese gute Idee gebracht.

Arabisches Kaffeegewürz

Ich gebe gleich von vornherein zu, dass ich die Idee der Gewürzmischung von Alfons Schuhbeck übernommen habe – allerdings schmeckt mir in seiner Mischung die Muskatnuss nicht, somit experimentiere ich halb laienhaft nun selbst mit Kardamom, Zimt, Vanille, sehr wenig Gewürznelke und einer Spur Piment, die ich im Mörser nach und nach mische, zerkleinere, probiere und korrigiere.

Bitterorangen

Sie heißen auch Pomeranzen und sehen nicht attraktiv, sondern eher verbeult und schrumpelig aus. Beim Verarbeiten geben sie sich erst einmal schwierig: viele Kerne, so gut wie kein Fruchtfleisch und vergleichsweise wenig Saft. Sie lohnen die Mühe jedoch mit unvergleichlichem Aroma. In einer relativ kurzen Zeitspanne von Ende Dezember bis Ende Januar sind sie bei uns zu haben, wenn man Glück oder einen willigen Gemüsehändler hat. Das Marmeladenrezept habe ich von einem sympathischen Unternehmen, das auf Mallorca Südfrüchte anbaut und im Rohzustand oder verarbeitet verschickt. Die Butter am Schluss der Zubereitung ist natürlich nicht südlich, sondern ein alter Hausfrauentrick gegen zu viel Schaum beim Marmeladekochen.

Blumenkohl

Oder, was ich hübscher finde: cauliflower. Das ist englisch und gibt eine Vorstellung davon, dass dieser große, noch nicht voll entwickelte Blütenstand zu sehr viel mehr fähig ist, als ein Treppenhaus mit einem komischen Geruch zu erfüllen. So wurde er mir als Kind zum Grauen und erst viel später habe ich ihn wieder liebgewonnen, zum Beispiel fast roh, nur eine halbe Minute blanchiert und in feinen Scheiben zu einem gebratenen Fisch.

Braune Butter

Nussbutter im Kühlschrank zu haben, ist praktisch. Sie ist nahezu ewig haltbar, macht Rühreier und Spiegeleier aufregend und ersetzt auch mal einen Sugo zur Pasta. Außerdem macht es Spaß, sie herzustellen, wenn man zehn Minuten Zeit hat, sich zu konzentrieren. 125 bis 250 Gramm (in einer kleineren Menge lohnt es sich nicht) Butter bei mittlerer Hitze in einer kleinen Kasserolle köcheln. Es wird brausen und rauschen und brutzeln und zischen, das Eiweiß schäumt auf, ganz langsam bilden sich einzelne braune Pünktchen. Wenn die Butter ganz still wird, ist höchste Aufmerksamkeit angesagt: Jetzt ist es gleich soweit, der bernsteinfarbene Ton ist erreicht, der nussige Duft steigt auf und ich gieße die Butter durch ein Sieb mit einem Stück Küchenpapier. Leicht abkühlen lassen und noch flüssig in ein Schraubglas füllen.

Buchweizen

Vielleicht war es das Wort »Frühstücksbrei«, das mir den Buchweizen immer unsympathisch machte. Gesundheit ist keine rechte Motivation für mich, etwas zu mögen. Dann habe ich aber mal ein Rezept mit Granatapfelkernen probiert und seither habe ich immer eine Tüte davon für mein Spielchen mit den Salaten in Reserve.

Bulgur

Hier kann ich gleich auch etwas zu Couscous sagen, denn die beiden sind sich ähnlich. Bulgur aus dem Nahen Osten ist Parboiled-Weizen – vorgegarte, geschälte und zerkleinerte Weizenkörner. Feiner ist der Grieß aus Weizen oder Hirse für Couscous aus Nordafrika. Beides eignet sich als verbindendes Element von Gemüsen und Früchten, auch Resten – mit dem Getreide wird ein Gericht daraus, ganz unkompliziert, weil die Instant-Version in wenigen Minuten gegart ist.

Butternusskürbis → Kürbis

Chili

Chili füllt ein Buch, ich mache es kurz. Es gibt Hunderte von Sorten, Fortgeschrittene trumpfen mit der Scoville-Skala der Schärfegrade auf, ich bin eine einfache Gernescharfesserin und komme gut mit der folgenden Auswahl klar:

Cayenne, oft auch Cayennepfeffer, hat mit Pfeffer aber nichts zu tun und ist ein klassischer roter Chili aus Mexiko, der meist getrocknet verwendet wird.

Chipotle heißen geräucherte Jalapeño-Chilis mit einem eigenwilligen Geschmack, der gut zu rustikalen Gerichten mit Schwein und Bohnen passt.

Piment d'Espelette ist sehr geschmackvoll, süß-scharf-rund, aber auch ziemlich teuer, weil die Chilis nur um den kleinen Ort Espelette im Baskenland angebaut werden und in der großen Küche begehrt sind.

Guajillo ist ein sehr angenehmer Chili auch für Einsteiger, vergleichsweise mild mit einem schönen fruchtigen Aroma.

Thai-Chilis sind höllisch, aber unentbehrlich. Eine einzige der 3-4 cm langen schlanken Schoten genügt, um ein ordentliches Feuer anzuzünden.

Habanero Chili habe ich gekauft, weil mir der Name so gut gefallen hat – für den All-

tagsgebrauch aber viel zu scharf, obwohl ich hart im Nehmen bin.
Für alle Tage sind getrocknete Chiliflocken und ein mildes Chilisalz nützlich.

Chorizo

Die vielseitige rassige Schweinswurst mit Paprika kommt nicht nur aus Spanien. Aus Portugal kenne ich eine Version, die weniger fett und weniger scharf ist, und zusätzlich zu Salz Paprika, Knoblauch auch noch mit Kreuzkümmel und Wein gewürzt ist. Diese Würste gehören im Stück in meine Vorräte, weil sie wochenlang haltbar sind und zu Reis, Pasta, Gemüse, Omelettes und vielem mehr passen.

Datteln

Ich spreche nur von den ungezuckerten und daher unsüßen, frischen Früchten, die es im frühen Winter bei aufmerksamen Gemüsehändlern gibt. »Eisdatteln« nennt meiner sie und erklärt mir, dass sie auf Eis eingeschifft werden, weil sie, völlig unkonserviert, wie sie sind, die Reise sonst nicht überstehen würden. Ich habe keinerlei Anhaltspunkte für diese Geschichte gefunden, aber ich finde sie sympathisch. Gut zwei Wochen halten sich die Datteln im Kühlschrank, und in dieser Zeit finde ich immer wieder neue Einsatzmöglichkeiten – wenn die etwas stabile Haut stört, kann man sie einfach abziehen.

Dijon-Senf

Das ist eine interessante Geschichte: Ich schwöre auf Dijon-Senf. Ich habe diese Vorliebe aber nie abgeklopft und ohne nachzudenken immer die gleiche Marke gekauft. Nun, da ich hier Verlässliches erzählen will, habe ich meinen Lieblingssenf mal hinterfragt und dabei festgestellt, dass er längst nicht mehr von dem wohlklingenden französischen Hersteller stammt, sondern von einem internationalen Konzern und entgegen dem verpflichtenden Dijon-Originalrezept auch nicht mit Verjus (unreifem Traubensaft) oder Wein, sondern mit ganz gewöhnlichem Branntweinessig hergestellt wird. Ich gehe auf die Suche.

Doppelgriffiges Mehl

Als Dunst, Wiener Grießler, Spätzlemehl oder Type 550 zu finden, im Feinheitsgrad zwischen Mehl und Grieß. Es ist griffig und fühlt sich leicht körnig an und nimmt Flüssigkeiten langsamer, dafür gleichmäßiger und stärker auf. Das doppelgriffige Mehl eignet sich für Teige, die besonders elastisch sein sollen.

Estragon

Vorsicht: Nur Französischer Estragon hat das typische Aroma, einerseits leicht bitter, aber auch mit der warmen süßlichen Komponente. Die Varietät Russischer Estragon wird bei uns oft angeboten, weil sie kalte Winter besser übersteht, besitzt aber deutlich weniger Aroma. Für raue Lagen gibt es bei wenigen spezialisierten Gärtnern auch einen intensiven »Deutschen Estragon«, der robuster im Wuchs und dadurch weniger empfindlich ist als der Franzose. Das Aroma von Estragon passt zu Fisch, Fleisch, Geflügel und Gemüse, aber auch die rohen Blätter machen einen sehr feinen Salat in Kombination mit mildernden Früchten.

Fenchelsamen

In Italien ist der feine Geschmack des Fenchels bei Wurstwaren beliebt, auch ich mag ihn bei allem, was mit Schweinefleisch zu tun hat. In der fernöstlichen Küche gehört der Fenchel in viele Curry-Mischungen, in Indien schätzt man ihn wegen des schönen frischen Atems beim Kauen der Samen. Das Aroma ist warm und süßlich, sehr angenehm mild und weit entfernt von apothekerischem Beigeschmack.

Fleur de Sel

Die Salzblüte gehört dazu. Angefangen hat es als Gourmet-Mode, Fleur de Sel oder Flor de Sal, je nach Herkunft aus Frankreich oder Spanien, in Verpackungen, die sich in Chic und Wertigkeit übertrumpften. Streng genommen ist die Blume des Salzes nichts anderes als gewöhnliches Kochsalz. Durch die flockenzarte Konsistenz ist Fleur de Sel im Gegensatz zum harten und trockenen Meersalz jedoch zart und mild. Dazu kommt noch ein besonderer Sinneseffekt: Die Salzblume wird als Krönung eines Gerichtes verwendet, sie wird zuletzt aufgestreut und kommt somit als ganze Flocke, als direktes Erlebnis von Salz auf die Zunge, eine Sekunde lang knusprig, um dann sofort zu schmelzen. In Frankreich, Spanien und Portugal wird die Salzblume in Handarbeit gewonnen – als hauchdünne Schicht schwebt sie an heißen windstillen Tagen an der Oberfläche der Meerwassersalinen und wird vorsichtig mit Holzkellen abgeschöpft.

Gemüsebrühe

Eine gute Gemüsebrühe ist eine Rarität. Wenn sie vom Inhalt in Ordnung ist, ich meine: ohne Hefeextrakt und andere Geschmacksverstärker, dann ist der Geschmack für mich schwierig – oft aufdringlich und zu selleriebetont. Ich habe eine Anregung der sympathischen Journalistin Elisabeth Raether aufgenommen und stelle selbst eine Basis für Gemüsebrühe her. Allerdings habe ich ihr Rezept für mich etwas verändert und püriere das Gemüse nicht roh, sondern gare es vorher im Ofen, was meinen Pürierstab schont und nach meinem Empfinden etwas mehr Aroma bringt. Das geht so: Karotten, Staudensellerie und Lauch zu gleichen Teilen, die Hälfte der Menge an Zwiebeln und

Knoblauch nach Geschmack (ich persönlich nehme nicht mehr als eine sehr frische Zehe) schälen und in Stücke von etwa 2 x 2 cm schneiden, Petersilie grob hacken und alles auf dem Backblech bei 180 °C im Ofen eine gute halbe Stunde garen. Etwas abkühlen lassen und wiegen. Pro 100 Gramm Gemüse 10 Gramm Salz zugeben, alles gut durchmischen und eine Viertelstunde ziehen lassen. Mit dem Pürierstab zerkleinern und in sterilisierte Gläser füllen.

Grüne Tomaten

Als ich noch einen Garten hatte, habe ich die grünen Tomaten verarbeitet, die zu Ende des Sommers nicht mehr reif wurden unter der schwächelnden Sonne. Heute bestelle ich sie beim Gärtner auf dem Wochenmarkt und fertige daraus die weltbeste Beilage zu Käse an – das sagt mein Freund Boris aus Frankreich, der genug Erfahrung für diese Bewertung besitzt. Vergiftet habe ich mich, trotz diverser Unkereien über das Solanin im Grünen von Tomaten, in 30 Jahren übrigens nicht.

Himmel und Erde

Immer sonntags gehörte der Klassiker in Nordrhein-Westfalen zur Familie: Himmel un Ääd, gebratene Blutwurst mit Apfelmus und Kartoffelpüree – Erdäpfel also und für den Himmel die Äpfel vom Baum. Das Rezept existiert in so vielen Varianten, wie es Omas gibt vom Rhein bis Westfalen. In Niedersachsen und Schlesien ist Himmel und Erde auch bekannt, jeweils in Begleitung der landestypischen Würste.

Ingwer

Ingwer ist immer und überall, mir ein bisschen zu viel, die Schärfe dominiert allzu leicht. Ich benütze die Wurzel lieber mit Fingerspitzen. Am liebsten lasse ich eine dicke ungeschälte Scheibe mitziehen und entferne sie nachher – das geht problemlos, weil ich Bio-Ingwer kaufe.

Karamellisieren

Bernsteinfarbener geschmolzener Zucker ist ein schöner Anblick und veredelt Zwiebeln, Äpfel, Wurzelgemüse. Der Geschmack tönt voller als nur süß mit der nussigen Karamellnote, und es ist eine nette kleine Besinnlichkeitsübung, dem Zucker in der Pfanne auf mittlerer Hitze beim Schmelzen zuzuschauen. Wer auch immer empfiehlt, dabei zu rühren, liegt für mich falsch – ich schwenke die Kasserolle höchstens vorsichtig, um den Zucker zu verteilen, wenn er in kleinen Tröpfchen beginnt, sich zu lösen. Die richtige Farbe ist ein dunkler Goldton, dann kommen die weiteren Zutaten wie etwa die Äpfel oder die Zwiebeln dazu und ich ziehe den Topf kurz vom Feuer, damit sich etwas Flüssigkeit bildet und nichts verbrennt. Wenn aufgießen, dann mit erwärmter Flüssigkeit. Ein kalter Guss macht den Zucker dagegen erst einmal brettlhart, und man muss lange köcheln, um ihn wieder zu lösen.

Kichererbsen

Die runden Hülsenfrüchte sind rund ums Mittelmeer verbreitet. Und in meinem Vorratskeller, weil sie willig zu allen möglichen Salaten sind und püriert einen fabelhaften Aufstrich zu geröstetem Brot ergeben. Rohe Kichererbsen müssen allerdings mindestens 12 Stunden einweichen, eher 24, und kochen dann auf kleiner Flamme ein bis zwei Stunden. Die Qualität in Dosen steht den selbst zubereiteten Kichererbsen nicht nach.

Koriander

Samen oder Blätter? In ihrem Geschmack haben die beiden gar nichts miteinander zu tun. Korianderblätter scheiden die Geister

– es gibt regelrechte Koriandergrünhasser, ich reiche Blätter deshalb vorsichtshalber immer extra zur Selbstbedienung. Die Samen hingegen sind uns als Brotgewürz vertraut, können aber viel mehr. Koriander gehört zu vielen Gemüsen, unbedingt zu Kürbis, gerne auch zu Karotten – überall, wo ein bisschen süße Wärme im Geschmack gut tut.

Kürbis

Keine Ahnung, warum Kürbis ständig zu Suppe gekocht wird. Vielleicht nährt sein milder Charakter das Missverständnis, dass er am besten zu pürieren sei. Im Ofen lässt Kürbis ein erstaunliches Aroma raus – dabei ist nicht der meist empfohlene Hokkaido die Nummer eins, sondern der längliche Butternusskürbis mit dem cremigen Fleisch, gefolgt von dem intensiven Muskat. Ganz ohne Rezept kann man die in Scheiben schneiden, auf Backpapier legen und mit Gewürzen und Kompagnons nach Eingebung kombinieren und backen.

Mojo

Die Paprikasauce von den Kanarischen Inseln dient als Idee mit Verwandlungsmöglichkeiten. Die Basis für die Zubereitung im Mixer oder mit dem Pürierstab: Paprikaschoten rot oder grün, Petersilie und/oder Koriandergrün, Salz, Pfeffer oder Chili je nach gewünschter Schärfe, Olivenöl, etwas Essig und zerkleinertes Weißbrot fürs Binden zu einer cremigen Konsistenz.

Noilly Prat

Der aromatische aber trockene französische Wermut in der charakteristischen geschwungenen Flasche gehört zum Handwerkszeug, um ausgezeichnete Saucen, vor allem zu Fisch, zuzubereiten. Er wird üblicherweise dazu verwendet, Zwiebeln oder

Schalotten nach dem Anschwitzen abzulöschen und trägt dann zu einer rund schmeckenden Saucen-Basis bei.

Ochsenschwanz

Das gute Ende vom Rind bieten die Metzger aus unerfindlichem Grund immer seltener an. Mit Nachfragen sollten wir sie ermutigen. Die Schwanzwirbel sind von wenig Fleisch mit einem hohen Anteil von Bindegewebe umgeben, das bei der Zubereitung einen unvergleichlich intensiven Geschmack abgibt.

Olivenöl extra vergine

Die Wertigkeiten haben sich überschlagen. Ich bin nicht bereit, den Hype mitzumachen und ein Vermögen auszugeben. Ich verwende ein anständiges, das heißt: ein anständig produziertes Öl zum Braten und ein besseres, das heißt meist auch: ein teureres Öl zum Beträufeln und Vollenden der Speisen. Ich kaufe Olivenöl am liebsten dort, wo ich mich auf die Beratung verlassen kann, und wenn nicht, versuche ich aus dem Etikett zu erkennen, in welchem Land wer das Öl wie hergestellt hat. Das kann mit einiger Übung gelingen.

Orangen- und Zitronenmarmelade

Gute Zitrusmarmeladen sind Zutaten zu Saucen und Salatdressings, Beilage zu Käse, Baustein für improvisierte Desserts, Würze zu Gemüse und Eintöpfen, kurz unentbehrlich für mich – vorausgesetzt, es sind wirklich aromatische Zubereitungen statt überzuckerter Konfitüren. Ich mache Orangen- und Zitronenmarmelade also selbst, kleine Mengen von zwei Gläsern sind an einem ansonsten ereignislosen Abend gut herzustellen. Ich brauche kein Rezept. Ich verwende Biofrüchte und normalen Zucker oder braunen Zucker und halte mich dabei an die Faustregel 50/50. Spontane Lust auf Rosmarin oder Thymian, Zimt, Szechuan-Pfeffer, eine Prise Fleur de Sel hat noch nicht geschadet. Die Kochzeit bestimmt das Augenmaß: Wenn die Marmelade zuckerschaumig brutzelt, ist es gut – eine feste Konsistenz brauche ich ja zur Verwendung in der Küche nicht.

Parmigiano/Pecorino

Dazu nur in aller Kürze: Wenn wir von diesem Käse sprechen, dann muss er frisch gerieben vom Stück sein, ganz oder gar nicht ist die Devise.

Quark oder Topfen

Abtropfen auf einem Mulltuch im Sieb verändert Konsistenz und Geschmack von gewöhnlichem Speisequark hin zu einer cremigen Delikatesse. Diese Entwässerungs-Behandlung verändert auch frugales Joghurt der Magerstufe zu gefühlter Crème fraîche. Quark mit Naturjoghurt und etwas griechischem Joghurt gemischt kommt dem unvergleichlichen Fromage Blanc nahe, den es in Deutschland leider nur in sehr gut sortierten Käsetheken gibt.

Risottoreis

Der spezielle Rundkornreis für Risotto ist besonders stärkehaltig und kann so zur gewünschten Konsistenz gelangen – außen cremig, doch nicht matschig. Mit anderen Reissorten funktioniert das definitiv nicht.

Rosenkohl oder Sprossenkohl

Das Wintergemüse hat zwei Gesichter. Seit Spitzenköche wie Yotam Ottolenghi sich des spießigen Gemüses angenommen haben, tauchen die Kohlrosen auch in feinen Foodblogs auf. In Italien weiß man die Cavoletti immer schon delikat, frisch und völlig unstinkig in Blättchen zerteilt zuzubereiten.

Rote Bete/Rote Rübe

Auch Rohne, Rahne, Rane, Rande heißen die Rüben je nach Region. Beim Einkaufen empfiehlt es sich, die Nase zu benützen, weil vor allem größere Exemplare übererdig und modrig schmecken können. Kleine feste und glatte Früchte sind die besten, die vorgegarten Rüben aus der Packung sind bequem, besitzen aber nur einen Abklatsch des möglichen Geschmacks.

Saibling

Saibling ist mein neuer Lachs, seit ich den Lieblingsfisch zum Beizen nur noch hin und wieder mit schlechtem Gewissen kaufen darf. Der Saibling stammt aus dem Wasser unserer lokalen Fischerei, er ist hübsch klein und zart und im Gegensatz zu seinem fetten Cousin muss er nicht mehr als vier bis sechs Stunden, nach Geschmack, unter der Beize liegen.

Schabzigerklee

Ich habe ein uraltes Gewürz wiederentdeckt. Der Geschmack erinnert mich an Liebstöckel und romantische Bilder von Almen, in der Schweiz heißt das Kraut Zigerklee, Zigeunerkraut in Südtirol, Blauer Steinklee, Käseklee oder Brotklee, wobei die beiden letzten Namen auf den häufigsten Gebrauch verweisen. In Südtirol gehört das getrocknete Kraut in die Gewürzmischung für Vinschgauer Brote und Schüttelbrot, in der Schweiz geht Schabziger in einen würzigen Käse gleichen Namens ein und ich rühre einen fröhlich aussehenden hellgrünen Frischkäse zur Vorspeise oder als Begleitung zu Kartoffeln damit an.

Schokolade

Meine sehr einfachen Desserts gelingen, weil ich mich auf den Geschmack sehr guter Schokolade stütze – am liebsten dunkle Kuvertüre aus der Schokoladenmanufaktur in meiner Stadt. Bei Schokoladen aus dem Supermarkt ist die Zutatenliste wichtig: Wenn Vanillin statt natürlicher Vanille enthalten ist, kann die Schokolade nicht gut sein, ebenso wenn Zucker in der Reihenfolge noch vor Kakaobutter/Kakaomasse aufgeführt ist. Für mich hat Butterreinfett nichts in Schokolade zu suchen und Palm öl finde ich auch pfui. Ganz persönlich lege ich auch Wert auf ein Zertifikat für fairen Handel.

Spitzkohl

An der Form erkennt man die zartere Verwandtschaft des Weißkohls, die schon im frühen Sommer auf den Markt kommt. Die hellgrünen Blätter liegen locker um den Strunk, schmecken nur dezent in Richtung Kraut und besitzen auch einen weniger intensiven Geruch.

Sternanis

Nicht nur zu Weihnachten. In der chinesischen Küche gehört Sternanis zur klassischen Fünf-Gewürze-Mischung, die man sich ganz leicht selber machen kann: Sternanis, Szechuanpfeffer, Zimtrinde (oder gemahlener Zimt), Fenchelsamen und Gewürznelken zu gleichen Teilen ohne Fett in einer Pfanne anrösten, abkühlen und in einer Gewürzmühle oder im Mörser fein zerkleinern. Ich liebe es vor allem zu Schweinefleisch.

Stubenküken

Das ideale Hühnchen für Soloesser wiegt 300 bis 500 Gramm. Ursprünglich stammt es aus Norddeutschland und aus einer Zeit, als man die Küken in der Stube durchfütterte, bis klar war, ob es sich um Hähnchen oder künftige Legehennen handelt.

Sumach

In der Türkei gehört das dunkelrote Gewürz auf den Tisch wie Salz bei uns. Es besitzt eine angenehme Säure, die rund und weniger intensiv als die von Zitrone oder Essig ist – für mich eine tolle Zutat zu Salatdressings und frischen Früchten.

Vanille

Tomaten, Jakobsmuscheln, Crevetten und Karotten, Schweinfleisch, Kabeljau und Huhn. Das Einsatzgebiet guter saftiger Bourbon-Vanillestangen ist ein weites Land. Basis zum Ausprobieren ist eine aufgeschlitzte Schote, die beim Schmoren oder Braten mit im Topf liegt oder ganz zum Schluss wie ein Pinsel zum Bestreichen mit Butter benutzt wird.

Vanillezucker

Jede der teuren Vanillestangen, die ich ausgeschabt und ausgekocht habe, geht, gut getrocknet, in ein zweites Leben in einem großen Glas ein, wo sie noch jede Menge gutes Aroma an den Zucker abgibt.

Zimt

Und mit diesem süßen Holz schließe ich unser Buch. Zimt ist das universelle Spaßgewürz in der Küche. Mit Zimt kann man definitiv alles versuchen, das meiste wird gelingen. Zimt gibt einen warmen, runden Ton und vollendet Aromen. Die Übung für Einsteiger: in eine Tomatensauce ganz zum Schluss eine Zimtstange einlegen, fünf Minuten ziehen lassen, wieder herausnehmen und staunen, wie viel Sonne das Tomatenaroma zugelegt hat. Am einfachsten ist der Umgang mit Zimtstangen. Gemahlener Zimt kann leichter in eine Überdosis entgleiten, Zimtblüten sind eine interessante, weniger süße und kraftvolle Variante. Zimtstangen entfalten ihr Aroma, wenn man sie reibt, aufbricht oder in eine heiße Flüssigkeit einlegt. Zimt passt zu hellem und dunklen Fleisch von Geflügel bis Lamm, Rind, Schwein und Wild, zu allen Gemüsen und Hülsenfrüchten, zu Früchten wie Avocado und Aprikosen, natürlich zu Apfel und Birnen, zu gebeiztem Lachs und zu Krustentieren. Der Unterschied zwischen Ceylonzimt und Cassia ist noch nicht ausdiskutiert. Ceylonzimt erkennt man an Stangen, in denen dünnen Rindenschichten eng ineinandergeschoben sind, meist wird er als feinster und qualitativ bester Zimt bezeichnet. Cassia-Zimt ist dunkler als Ceylonzimt, die Rinde ist dicker, das Aroma ist schärfer und prägnanter – weshalb einige Geschmacksexperten wie der Gewürz-Guru Ingo Holland Cassia-Zimt vorziehen.

Rezepte im Überblick

R

S

T

W

Z

Die Autoren

Ingrid Niemeier,

geboren 1952, Werbetexterin, Autorin populärwissenschaftlicher Texte und Lebensqualitäts-Reporterin mit eigenem Redaktionsbüro in Landshut, seit 2015 Witwe nach 34 Ehejahren, Köchin, und Esserin mit Freude.

www.rb-niemeier.de

David Roth,

geboren 1978, Betriebswirt, Trauerbegleiter, Geschäftsführung des Bestattungshauses Pütz Roth, hält Vorträge und leitet Seminare der (dem Bestattungshaus angeschlossenen) »Privaten Trauerakademie Pütz-Roth«, Sohn des verstorbenen Fritz Roth, diverse Publikationen.

www.puetz-roth.de

Bibliografische Information der Deutschen Nationalbibliothek
Die Deutsche Nationalbibliothek verzeichnet diese Publikation in der Deutschen Nationalbibliografie; detaillierte bibliografische Daten sind im Internet über https://portal.dnb.de abrufbar.

Ich bedanke mich für das Bild auf Seite 8/9 bei der Fotografin Petra Kellner aus Amberg und bei den Besitzern des Gemüsefeldes, Claudia und Michael Meier, Landgasthof Meier, Hilzhofen in der Oberpfalz. Von dort habe ich immer wieder Inspiration und Freude mitgenommen. (Ingrid Niemeier)

FSC
www.fsc.org
MIX
Papier aus verantwortungsvollen Quellen
FSC® C084279

Klimaneutral
Druckprodukt
climate-id.com/12559-1708-1001

Verlagsgruppe Random House FSC® N001967

1. Auflage

Umschlagmotiv: © fahrwasser – Fotolia.com / Foto S. 66 pixabay
Fotos aus der Küche: Lorenz Niemeier
Druck und Bindung: Print Consult, München
Printed in Czech Republic
ISBN 978-3-579-07315-6

www.gtvh.de